CHANSONS

ET

PASQUILLES LILLOISES

DE

DESROUSSEAUX

illustrées par

E. BOLDODUC

Nouvelle édition revue et augmentée d'un grand nombre de notes.

Le bon Dieu ne dit : Chante,
Chante, pauvre petit !
BÉRANGER

TOME III

LILLE
CHEZ L'AUTEUR, RUE BASSE, 41,
chez GUFAY-PETITOT, rue des Sept-Sauts, 5,
Et chez les principaux libraires.
1862

CHANSONS

et

PASQUILLES LILLOISES

CHANSONS

ET

PASQUILLES LILLOISES

DE DESROUSSEAUX,

ILLUSTRÉES PAR

E. BOLDODUC.

Nouvelle édition, revue et augmentée d'un grand nombre de notes.

> Le bon Dieu me dit : Chante,
> Chante, pauvre petit !
> BÉRANGER.

TOME TROISIÈME.

LILLE,
CHEZ CUFAY-PETITOT, LIBRAIRE, RUE DES SEPT-SAUTS, 5,
et chez les principaux libraires.
1859.

CONSCRITS DE L'AN 56.

LES CONSCRITS DE L'AN 56.

Air de la Retraite.

Conscrits du Nord, puisque l'sort nous invite
   A quitter, vite,
    Nos atéliers
  Pour dev'nir des guerriers,
  In d'zous d' nos liméros,
  (Nous n'in s'rons qu' pus farauts),
  Faijons marquer ches mots :
  « Nous somm's conscrits
  Et des Russiens l's enn'mis. » } *Bis.*

Sébastopol a déjà fait l' culbute.
   D'eun' parell' lutte,
    On parlera
  Tout l' temps que l' mond' dur'ra !
  Mais n' croyez point qu' ch'est tout,
  Les cosaque' ont r'pris goût,
  D'puis qu'il' ont r'chu ch'l atout.

— Nous somm's conscrits
Et des Russiens l's enn'mis.

Puisque ALEXZAND' tout comm' sin capon d' père,
Veut fair' la guerre
Comme un perdu,
Malgré l' pil' qu'il a r'chu.
Si faut, pour casser l' cou
A ch' méchant grand laidou,
Aller jusqu'à Moscou,
Nous somm's conscrits
Et des Russiens l's enn'mis.

Ch'est là l' pays uch' que nos vieux grands pères,
Dins l' temps des guerres,
Ont tant souffert
Des rigueurs de l'hiver.
Russiens ! pour les r'vinger,
Nous allons voyager,
Et vous torde l' giger ! !
Nous somm's conscrits,
Et des Russiens l's enn'mis

Mais nous f'rons vir que nous n' somm's point barbares :
Comm's les Tartares,
Nous respect'rons
Les femm's que nous trouv'rons ;

S'i vienn'tent dins nos camps,
Histoir' de passer l' temps,
Nous berch'rons leurs infants.
Nous somm's conscrits,
Et des Russiens l's enn'mis.

Mais, par hasard, chacun d' nous f'ra des siennes,
Si d' ches Russiennes
L' cœur fait *doucq*, *doucq* !
Les nôs f'ront *floucq*, *floucq*, *floucq* !
Et puis, si les Russiens,
D' vir cha n' sont point contints,
Nous leu diront : Vauriens !
Nous somm's conscrits,
Et des Russiens l's enn'mis.

Allons de ch' pas dire à r'voir à nos mères,
Nos sœurs, nos frères,
A nos cousins,
Nos maîtress's, nos parrains.
Répétons tour à tour :
Nous r'ven'rons p't-ête un jour
Général u tambour.
Nous somm's conscrits,
Et des Russiens l's enn'mis.   } *Bis.*

L' GARCHON D' LILLE.

Air nouveau de l'auteur.

Souvint, dins pus d'un vaud'ville ,
Ont vante l' gamin d' Paris ,
Mais jamais du garchon d' Lille
On n' dit rien ; j'in sus surpris.
Mi, pour réparer l'affaire ,
Et dins l'espoir de vous plaire ,
Hier , j'ai point gramint caché ,
Pour fair' sin portrait craché
V'là l' portrait du garchon d' Lille.
In vérité, mi j' vous dis
      Que ch' bon drille
Vaut bien l' gamin d' Paris.

Je n' parle point de s' tournure,
Quoique à vrai dir' je l' trouv' bien.
Tant qu'à l' bieauté de s' figure
Elle est d' cheuss' qu'on n'in dit rien;
Et, d'ailleurs, si les poquettes
L'ont reimpli' d' petit's fossettes ,

I s' rapeins', (*) pou s' consoler,
Qu'un biau mabré n'est point laid.
V'là l' portrait du garchon d' Lille.
In vérité, mi j' vous dis
     Que ch' bon drille
Vaut bien l' gamin d' Paris.

Il est glorieux pou l' toilette,
Mais l' pauverté de ch' garchon
Fait, qu'au lieu d'eun' biell' casquette,
I s' coiff' d'un bonnet d' coton ;
I n'a souvint qu'eun' viell' veste,
(D'un fantassin l' dernier reste)
L' patalon d'un cuirassier,
Et les viell's bott's d'un lancier.
V'là l' portrait du garchon d' Lille.
In vérité, mi j' vous dis
     Que ch' bon drille
Vaut bien l' gamin d' Paris.

Comme il a l' goût du commerce,
Aussitôt qu'i sait marcher
A trafiquer i s'exerce :
I vind des molins d' papiers,
I fabriq' du pain' du curiche, (**)

(*) Il repense ; pense de nouveau.
(**) Pâte de réglisse avec laquelle les enfants font une sorte de tisane qu'ils échangent entre eux pour une épingle, une aiguille, etc, et en criant : *v'là du pain d'curiche pour eune épeine, aiwuille !*

Sans espoir de v'nir bien riche,
U bien on l'l'intind tout quoi
Crier des *Billets du Roi*.
V'là l' portrait du garchon d' Lille.
In vérité, mi j' vous dis
  Que ch' bon drille
Vaut bien l' gamin d' Paris.

Rochin est un biau villache
For' in r'nom pour ses bruants. (*)
Aussi ch' garchon tout bénache
Y fait s' provision tous l's ans.
Il arrive avé s' boit' pleine
Et nous crie à perde haleine :
« *A bruants ! et à Rochin !*
N'y-a du fu dins sin molin !
V'là l' portrait du garchon de Lille.
In vérité, mis j' vous dis
  Que ch' bon drille
Vaut bien l' gamin d' Paris.

Quand il a queq' sous dins s' poche
Il est contint comme un dieu,
I s'in va juer à l' galoche
Avec un aut' malin fieu.

(*) Hannetons.

S'i gaugne, i maing' des couq'-baques,
S'i perd, i li donn' des claques ....
In tous cas, vous veyez bien
Qu'il a toudis d' l'agrémint.
V'là l' portrait du garchon d' Lille.
In vérité, mi j' vous dis
    Que ch' bon drille
Vaut bien l' gamin d' Paris.

Pour faire eun' farce fort drole,
On peut dir' qu'il est malin.
J' l'ai vu mette eun' viell' castrole
A l' queu' d'un biau p'tit carlin.
In s' veyant dins ch'l équipache
Ch' malheureux quien, comme in rache,
Au long de l' ville a couru,
Comme mi, quand on sonne au fu.
V'là l' portrait du garchon d' Lille.
In vérité, mi j' vous dis
    Que ch' bon drille
Vaut bien l' gamin d' Paris.

Rappélez-vous ch'l historiette : (*)
Eun' fos, siept huit marmouzets,

(*) Historique.

Quate, au coin de l'ru' d' Vingnette,
Les aute' à l' ru' des Robleds,
Au moyen d'eun' corde raite
Il' ont, jusqu'au tambour-maîte,
Fait brond'ler tous les tambours
Battant la r'trait' comm' des sourds.
V'là l' portrait du garchon d' Lille.
In vérité, mi j' vous dis
   Que ch' bon drille
Vaut bien l' gamin d' Paris.

J' poros vous faire un gros live
Sur l'histoir' de ch' marmouzet,
Mais comme i faut qu' tout l' mond' vive
J' m'arrête à ch' dernier couplet.
Si quequ'un in fait des autes,
Lon d'y cacher des p'tit's fautes,
Après l's avoir intindu',
J' veux crier comme un perdu :
V'là l' portrait du garchon de Lille.
In vérité, mi j' vous dis
   Que ch' bon drille
Vaut bien l' gamin d' Paris.

LES CONCRITS DE L'AN 56.

LE CAMIN DE LILLE.

LA MORT D'AZOR.

LA MORT D'AZOR.

Air : A l'eau ! vêla la porteuse' d'eau
ou
Tout roulants
V'là des puns-d'-tierr' charmants. (1er Volume, page 29).

Vous èt's surpris, Mari'-Charlotte,
De m' vir un air triste comm' tout.
Ah! taijez-vous, j'in d'ven'rai sotte,
D'avoir perdu min biau loulou!.
Un quien, qu' ch'étot tout min caprice,
J' l'aimos mieux qu' six quartrons d' saucisse !
N' povant payer s' contribution
J' l'ai fait noyer in d'zous d'un pont.
    Azor
     Est mort,   } *Bis.*
  Plaingnez, plaingnez min sort.

Dix francs, pour mi, ch'est eun' fortune,
A ch't heur' que rien n'est bon marqué,
Aussi, j'ai couru à l' Commune,
Afin d' fair' fléchir l'imployé.
J' li ai dit : « Veyons min brave homme,
J'espèr' que vous réduirez l' somme ? »
I m'a dit : « N'y-a rien à canger,

Ch'est comme un pain au boulainger.
— Azor
Est mort,
Plaingnez, plaingnez min sort.

Après cheull' répons' claire et nette,
In brayant, je r'tourne à m' mason,
Tout in m' dijant comm' cha dins m' tiête :
Uch' que j' trouv'rai ch'l imposition ?
J'avos d' trop, tros tassé' eun' caf'tière,
Eun' quemiche, eun' bai' (*) d' printanière...
J' porte cha dins six p'tits lombards, (**)
On n' veut m'in donner qu' trint' patards !
— Azor
Est mort,
Plaingnez, plaingnez min sort,

Veyant qui faulot m'in défaire,
Aussitôt j' vas trouver Bastien
Qui vind des quiens. J' li dis : « Compére,
Pernez m'n Azor, je l' donn' pou rien ! »
I m' répond : Hélas ! pauver femme,
J' sais pus qu' fair' des miens mi-même,
J'ai des quiens-loups, des épagnols,
On m' dit qu' ch'est des vieux *rossignols*. »

(*) Jupe de printanière.
(**) Les maisons des commissionnaires au Mont-de-Piété sont appelés *petits mbards* pour les distinguer de l'établissement principal.

— Azor
Est mort,
Plaingnez, plaingnez min sort.

« Ah ! Bastien, vous m'in dite' eun' drole !
Azor est eun' biêt' plein' d'esprit.
I n' li manque rien que l' parole,
I tousse, i brait, i cante, i rit.
Quand j' veux li fair' fair' l'exercice,
J' mets su s' tiête un bonnet d' police,
Si j' fais semblant de l' fusiller,
I s' laich' quair' mort su min planquer, »
— Azor
Est mort,
Plaingnez, plaingnez min sort.

« Vous pinsez que j' vous dis des craques,
Allez, Bastien, vous s'abusez.
J' veux bien vous payer des couq'-baques,
S'i n' fait point chin qu' vous li direz.
D'mandez-li s'i veut faire eun' danse,
J' pari' qu'i vous f'ra s' révérence,
Et qu'i n' s'in tir'ra point pus mal,
Qu'eun' mamzell' qu'on invite au bal. »
— Azor
Est mort,
Plaingnez, plaingnez min sort !

« Avec Azor, vous povez m' croire,
Un faijeu d' tours gangn'rot sin pain,
Car, *Munito*, ch' fameux quien d' foire,
Tout près d' li n'est qu'un aplopin. » (*)
Malgré chin qu' j'ai povu li dire,
Bastien n'a point décessé d' rire,
Alors, pour soulager min cœur,
J'ai partie in l' traitant d' voleur !
   — Azor
   Est mort
  Plaingnez, plaingnez min sort !

J'ai donné l'argint d'eun' canette,
Pour in finir, à Gros-Franços,
Qui m'a noyé cheull' pauver biète
In d'zous du pont des Hybernes.
D'puis ch' temps-là, j'ai tell'mint de l' peine,
Que j' brais toudis comme eun' Mad'leine,
Tout l' jour, et mêm' quand tout l' mond' dort.
On peut m'intind' crier bien fort :
   Azor
   Est mort } *Bis*
  Plaingnez, plaingnez min sort !

(*) Apprenti ; en mauvaise part, ouvrier maladroit.

LE JOUR DES NOCES.

Air: Commissaire, Colin bat sa ménagère. (Béranger).
ou de
L'homme marié. (1er Volume, page 145).

Quand on m' dit qu' ch'est un biau jour
Que l' prémier jour du mariache,
Pour fair' cesser ch' bavardache
J' vodros donner un rambour. (*)
On peut sout'nir, au contraire,
Qu'on a, dins ch' jour si fameux,
Quarant' fos l'occasion d' braire,
Même d' s'arracher les ch'veux.
  L' jour des noces, (*Bis*)
Ah! qu'on vot des drol's de cosses!
  L' jour des noces, (*Bsi*)
  On n'a ni
  Joie, ni plaisi.

*) Coup de poing étourdissant.

Vous s' levez d'un grand matin,
L' cœur serré comme un coupable.
On dirot vraimint que l' diable
Vous souffle un méchant destin,
Car à vos yeux tout s'imbroule,
Vous n' savez qu' fair' de vos mains;
Vous avez tout l'air d'eun' poule
Au mitan d' trint'-six pouchains.
  L' jour des noces, etc.

Tout d'un cop, vous intindez
Que l' carroche est à vo porte !
Vous vodris bien faire in sorte
D'êt' point vu, quand vous montez.
Point moyen : tout l' voisinache
Vous attind là d' puis longtemps,
Afin d' parler d' vo mariache
Et d' fair' des fameux cancans !
  L' jour des noces, etc.

L'un dit : « Ch'est un bambocheu ! »
L'aut' dit : « Ch'est un capenoule !
S' femme ara pus d'eun' tatoule !
I li-arrach'ra pus d'un ch'veu ! »
Bah ! répond vite eun' sott' brouche :
« I n' f'ra pus tant sin mutin,

Car avé s'n air saint'-mitouche,
S' femm' rindra du burr' pou l' pain. » (*)
    L' jour des noces, etc.

L' cocher, vous fait débusquer
A l' mason d' vo prétindue,
Qui parait tout' confondue
D'êt' vu' près d' sin perruquer...
Vous êt's prêt d' quaire in faiblesse,
Vous sintez fraiquir (**) vos yeux,
Quand vous veyez qu' cheull' maitresse
N'a su s' tièt' que des faux ch'veux.
    L' jour des noces, etc.

Il est trop tard de r'culer,
D'invoyer tout fair' lanlaire,
Vous allez d'vant monsieur l' maire
Pour toudis vous incainner !
Tout l' monde alors fait s' grimace,
Et vous promet du bonheur...
A chaq' fos qu'on vous imbrasse
Ch'est un cop d' poignard dins l' cœur.
    L' jour des noces, etc.

(*) Cette locution, *rendez du beurre pour le pain*, équivaut à celle-ci : *rendre la monnaie de la pièce*.
(**) Mouiller.

Les ouveriers, par malheur
(I n' faut rien dir', ch'est l'usache),
Ont toudis dins leu mariache,
Un vaurien d' garchon d'honneur; (*)
Un p'tit ferluquet, tout blême,
Qui va d'zous l' table à pas d' loup,
Pour cacher l' guertier d' vo femme
Fourrer ses mains tout partout !...
  L' jour des noces, etc.

On vous r'conduit deux par deux,
In avant marche l' musique.
Jusqu'à vo mason tout l' clique
Cante : *Où peut-on être mieux !*
Infin vous v'là tout bénache,
D' goûter un bonheur parfait !....
Pour un qui trouve d' l'ouvrache,
Pus d'un chint vott'nt qu'il est fait !
  L' jour des noces (*Bis*)
Ah ! qu'on vot des drol's de cosses !
  L'jour des noces, (*Bis*)
   On n'a ni
   Joie, ni plaisi.

(*) On sait que dans nos noces le *garçon d'honneur* a, entre autres privilèges, celui d'enlever la jarretière de la mariée.

LA MORT D'AZOR.

LE JOUR DES NOCES.

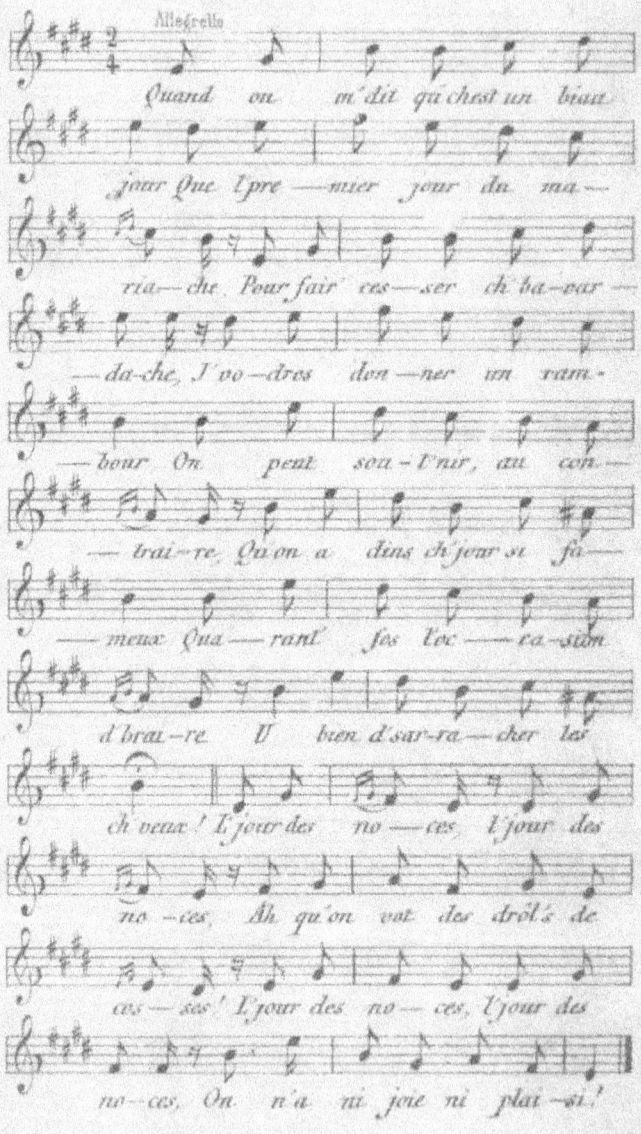

MIN COUSIN MYRTIL   OU L' PICHON D' AVRIL

MIN COUSIN MYRTIL

et

L' PICHON D'AVRIL.

Air nouveau de l'auteur.

Min cousin est un gas cocasse,
　Car il a l'air d'un vrai mouson.
　Les dimanche' et même à l' ducasse,
　I reste tout seu dins s' mason.
Mais l' prémier d'Avril, ah ! ch'est auter cosse,
I f'rot brair' de rire eun' pierre à fusil,
In veyant ses tours, même eun' biêt' féroce,
F'rot fertiller s' queue in marque d' plaisi.

　　Ah ! qu'il a l' fil
　　Min cousin Myrtil,
Pour nous fair' mainger du pichon d'Avril.

Par eximple, il invoira quère
De l' moutarde à des marchands d' foin,
Des chucade' à l'apothicaire,
A des pâtissiers du vieux-oing ;
A des marchands d' houlle, un importe-pièche
Pour coper dins l' cuir des langu's d'avocats ;
Il a même eun' fos fait d'mander pa' s' nièche,
L' femell' d'un dindon pour couver des cats.

   Ah ! qu'il a l' fil
   Min cousin Myrtil,
Pour nous fair' mainger du pichon d'Avril.

Sans mintir, il a fait pus d' forces
Qui n' se bot canett's les lundis,
Il attrapp' les femmes les pus harses (*),
Comm' les homm's les pus dégourdis.
Il invoira l'un li quèr' des leunettes
In verr' dépoli, doublé d' pinchina (**) ;
I f'ra croire à l's aut's qu'on vot des comètes
Près de l' Nobel-Tour danser la polka !

   Ah ! qu'il a l' fil
   Min cousin Myrtil,
Pour nous fair' mainger du pichon d'Avril.

(*) *Harse*, fém. de *hard*. — Hardi, courageux, dégourdi. L'h est aspiré.
(**) Gros drap que l'on fabriquait autrefois dans le Nord.

Vous l' veyez, j' n'ai point l'air bonnasse,
Par un jour, i m'a pris, quoiqu'cha,
In m' dijant : « Cousin Boniface,
J' viens langreux (*) tell'mint qu' j'ai du ma.
Mais ch' ma, si te l' veux, n'ara point d' durance,
Ch'est d'aller pour mi, de l' part du méd'cin,
A l'apothicair' porter ch'l ordonnance :
Trois grains d'aloës dins quat' verr's de vin. »

   Ah ! qu'il a l' fil
   Min cousin Myrtil,
Pour nous fair' mainger du pichon d'Avril.

Aussitôt, j' parte sans mot dire,
 Dins l'espoir d'adouchir sin ma.
 L' marchand d' drogue' in se r'tenant d' rire :
 Dit : « Min fieu, j'ai point che r'mèd'-là. »
D'un air bon infant, ch' biau monsieur m'indique
L' mason d'un méd'cin qui tient cha tout prêt...
Su' l' temps qu'i m' parlot, sin garchon d' boutique
Passe eun' queue d' papier in d'zous d' min collet !

   Ah ! qu'il a l' fil
   Min cousin Myrtil,
Pour nous fair' mainger du pichon d'Avril.

(*) Maladif, en langueur.

Sans m'douter qu'i m'ont jué cheull' niche,
J' vas trouver l' méd'cin qu'on m'a dit.
J' dis : « Bonjour ! » In veyant m'a affiche,
V'là que ch' drôl' de paroissien rit.
I lit min billet, pass' dins l' deuxièm' plache...
J' cros qui s'in va quère eun' petit' *potion*...
I r'vient ; des deux mains barbouill' min visache,
Et me r'pouss' dins l' ru', noir comm' du carbon !

Ah ! qu'il a l' fil
Min cousin Myrtil,
Pour nous fair' mainger du pichon d'Avril.

In m' veyant dins ch' triste équipache,
Je m' souviens qu' ch'est l' prémier d'Avril,
J' vas tout d' suit' laver min visache,
In m' traitant mi-mêm' d'agozil.
J'aros bien volu, pour passer m' colère,
Trouver min cousin, vrai, j' l'aros mordu¹..
Mais d'puis ch' moumint-là, quand j' pinse à ch'el affaire,
Lon de m' désoler, j' cri' comme un perdu :

« Ah ! qu'il a l' fil
Min cousin Myrtil,
Pour nous fair' mainger du pichon d'Avril. »

DAME VICTOIRE.

Air nouveau de l'auteur.

Nous avime' eun' dame accoucheusse
Qui restot dins l' ru' Saint-Sauveur,
On l' vantot pou' s'n humeur joyeusse,
Comm' pou s'n adresse et sin bon cœur.
  Ch'étot Dam' Victoire,
  Connu' d' lon et d' près.
  Acoutez s'n histoire,
  Après vous direz :

  « Infants de Saint-Sauveur,
  Vardons dins l' mémoire
  L' biau nom d' Dam' Victoire, *(Bis)*
  Comme l' nom d'eun' sœur. »

Elle avot toudis l' mot pour rire :
Quand eun' femme, in étant dins l' ma,
Tout grimaçant, tàchot d' li dire :
« Dam' Victoire, est-ch' que cha viendra ? »
    Ell' finichot s' peine
    Pa' ch' mot bien connu :
    « Bon ! à sœur Hélène
    Cha n'a-t-il point v'nu?.. »

    Iufants d' Saint-Sauveur,
    Vardons dins l' mémoire
    L' biau nom d' Dam' Victoire,
    Comme l' nom d'eun' sœur.

Elle avot l' plaisi peint su l' mine,
Mieux qu' n'arrott'nt fait chint francs comptant,
Quand, tout r'couvert d'eun' *piau divine* (*),
Au monde ell' metto' un infant.
    Ell' dijo' à l' mère :
    « Rassurez vo cœur,
    Vous arez, j'espère.
    Un infant d' bonheur. »

(*) Nom populaire de la membrane dont certains enfants, en naissant, ont la tête enveloppée et qui, selon le proverbe : *Etre né coiffé*, doit leur porter bonheur.

Infants d' Saint-Sauveur,
Vardons dins l' mémoire
L' biau nom d' Dam' Victoire,
Comme l' nom d'eun' sœur.

Pindant vingt ans, dins nos courettes,
E n' manquot poin' un accouch'mint
Des femm's marié's comm' des fillettes,
Et Dieu sait si n'y-in a gramint !
  Rien qu'à vingt sous l' pièche,
  Elle arot povu
  Rouler in calèche
  Comme l' prémier v'nu.
  Infants d' Saint-Sauveur,
  Vardons dins l' mémoire
  L' biau nom d' Dam' Victoire,
  Comme l' nom d'eun' sœur.

Malheureus'mint, pus d'eun' pratique
Ayant de l' misèr' jusqu'au cou,
Li dijot d'un air pacifique :
« Je n' peux point vous donner un sou ! »
  Si bien qu' Dam' Victoire,
  L'ouvrache étant fait,
  S' contintot d' leu boire
  Eun' tass' de café.

Infants d' Saint-Sauveur,
　　　Vardons dins l' mémoire
　　　L' biau nom d' Dam' Victoire,
　　　Comme l' nom d'eun' sœur.

Aussi, quand cheull' brav' femme est morte,
Comme elle avot fort peu d'argint,
On n'a point mis d' drap noir à s' porte,
Comm' cha s' fait pour l' rtche intierr'mint.
　　　Mais du moins, j'espère
　　　Que l' bon Dieu l' l'a mis,
　　　A côté d' s' mère,
　　　Dins sin paradis !

　　　Infants d' Saint-Sauveur,
　　　Vardons dins l' mémoire
　　　L' biau nom d' Dam' Victoire,　　(Bis.)
　　　Comme l' nom d'eun' sœur.

MIN COUSIN MYRTIL.
OU
L'PICHON D'AVRIL.

DAME VICTOIRE.

LE TESTAMENT.

LE TESTAMENT.

Air nouveau de l'auteur.

Avant d' morir, min vieux grand-pére,
Qui n'avot point gramint d' argint,
Mais de l' gaîté dins l' caractére,
A volu faire un testamint.
   Jamais p' tits rintiers,
Jamais même un gros millionnaire
   N'ont si volontiers
Fait rire autant leus héritiers.
   Ah! queul agrémint
Qu' nous a donné ch' biau testamint ! } *Bis.*

Acoutez bien, ch'est li qui parle :
« J'ai dins m' guéole eun' pair' d'ojeaux.
Ch'est des tarins, femelle et marle,
On n'in peut point vir des pus biaux.

J' les donne à ch' ti qui
M' f'ra mette in tierr' tout près d' Chacharle, (*)
　　　Volant savoir si
Ch'l hercule, à ch't heure, est fort comm' mi. »

　　　Ah ! queul agrémint
Qu' nous a donné ch' biau testamint !

« Cheuss' qui vodront faire eun' bamboche
Quand i m'aront mis dins l' bas-fond,
Trouv'ront dins l' debout d'eun' viell' cauche, (**)
Tros biaux *Louis* d' Napoléon.
　　　Mais v'là m' volonté :
Parcourir tout Lille in caroche,
　　　Et, rimplis d' gaîté,
S' rind' malade à boire à m' santé. »

　　　Ah ! queul agrémint
Qu' nous a donné ch' biau testamint !

« J' donn' min calit, deux gross's payasses,
Orillers, draps, couvert's, rideaux,
A cheuss' qui n' f'ront point des grimaces
In essayant d' brair' comm' des viaux.

(*) Nom populaire du célèbre hercule du Nord, Charles Rousselle, lequel est
né à Lille, et y est décédé le 25 juillet 1826.
(**) Chausse, bas.

Mais, cheuss' qui brairont
Et qui pouss'ront des esclamasses,
Pou leu peine, aront
Des p'lur's d'angnons tant qui vodront. »

Ah ! queul agrémint
Qu' nous a donné ch' biau testamint !

« Au p'tit garchon de m'sœur Colette,
Pou l' jour de s' premièr' communion,
J' donne eun' biell' veste, eun' biell' casquette,
Eun' mont' d'argint, un patalon.
Mais, vous observ'rez
Que j' veux qu'i n' donn' ni *boutons d' guéte*, (*)
Ni séquois chucrés,
Mais bien des pains-perbol's poivrés. »

Ah ! queul agrémint
Qu' nous a donné ch' biau testamint !

« Tous mes héritiers l' Lundi d' Pâques,
S' in iront s' divertir à Loos,
Affublés d' mes pus viell's casaques,
Les pus maigres, comm' les pus gros.
In route, i mettront,
Chaq' sin tour, min capiau à claques,

(*) Nom d'un bonbon qui depuis quelques années tend évidemment à remplacer le traditionnel *pain-perbole* (boule de pain d'épice) que distribuent les enfants dans leurs visites de première communion.

Et, quand i r'chevront,
Des *renfonc'ments*, tertous riront. »

Ah ! queul agrémint
Qu' nous a donné ch' biau testamint !

Avec l'argint d' mes auf's viell's nippes,
I pourront s' fair' faire un bon r'pas :
De l' soupe au lard, des œuës, (*) des tripes,
De l' salade et du cervelas.
　　　Mais, j' veux qu'au dessert,
Sus l' temps qu' les vieux feum'ront des pipes,
　　　On cant' du *Robert*,
Malbrouck et l' Bon Roi Dagobert. »

Ah ! queul agrémint
Qu' nous a donné ch' biau testamint !

Et tout cha, tel que j' viens d' vous l' dire,
Etot fait su papier timbré.
Les héritiers, se r'tenant d' rire,
Par devant l' notaire, ont juré
　　　Qu'il' étott'nt contints
D' fair' tout chin qui v'nott'nt d'intind' lire,
　　　Et, comm' des brav's gins,
Il' ont tertous t'nu leus sermints.

　　　Ah ! queul agrémint　　　 } bis.
Qu' nous a donné ch' biau testamint ! }

(*) Œufs.

SORLETS VIEUX !

ou

L' VIEUX CHAV'TIER.

Air nouveau de l'auteur, avec refrain imitatif.

On m'a dit qui n'y-a fauque (*) à Lille,
Qu'on vot des chav'tiers, les lundis,
Parcourir tous les ru's de l' ville,
In criant comm' des ahuris.
J' m' ris d' cha comme d' l'an quarante,
Au contraire, j' dirai : ta mieux !
Ch'est eun' bonn' raison pour qu' j' cante :
      Sorlets vieux!.... *Bis.* } *bis.*

(*) Seulement.

Chacun sin goût, sin caractère,
D'ailleur' i n'y-a point d' sot métier.
L'un queusi ch'ti d' marchand d' puns'-tierre,
Un aute n' vodra qu'êt' filtier
 ' général, qui passe eun' revue,
N'ara jamais l'air pus glorieux,
Qu'un chav'tier, quand i cri' dins l' rue :
   Sorlets vieux!....

Un chav'tier, du nom d' Saragosse,
A forche d' crier ches mots-là,
I les fait servir à tout' sauce.
Je n' trouve rien d' pus drol' que cha.
Par exeimple, quand eun' servante
Li vind les bottes d' ses monsieux,
Aussitôt v'là comme i les vante :
   Sorlets vieux!....

S'il arriv' qu'eun' petit' morveusse,
In li faijant faire un marqué,
Li confi' qu'elle est amoureusse
D'un gaillard, u d'un ferluquet,
Li, qui d' puis pus d' vingt ans, peut-ête,
 'a pus l' bonheur d'ête amoureux,
I soupire et tout bas répète :
   Sorlets vieux!....

Les Dimanche' in buvant s' canette
Avé d's homme' et des blancs-bonnets,
S'il arriv' qu'un lijeu d' gazette
Veut li tirer les viers du nez,
Min chav'tier, qui connot l' rubrique,
Afin d' rimbarrer ch' malicieux,
I li dit : V' là tout m' politique :
        Sorlets vieux!....

Parlez li d'un nouviau mariache ;
De l' fill' vantez les qualités :
« Elle est bonne autant qu'elle est sache,
Elle a tous les capacités. »
Min chav'tier s' contint'ra d' sourire,
Mais vous porez lir' dins ses yeux
Chin qui n'a point volu vous dire :
        Sorlets vieux!....

Les trottoir' ont fait du ravache,
Aussi, pou ch' vieux chav'tier, queu r'gret !
I n'a pus pour faire s'n ouvrache,
Eun' biell' cave avec un burguet. (*)

(*) Avant l'établissement des trottoirs, presque toutes nos caves avaient une construction extérieure surmontée d'une plate-forme en pierre bleue appelée *burguet*. Ces constructions servaient ordinairement de boutiques aux revendeurs de légumes et de fruits, et d'ateliers aux Savetiers.

Si vous li parlez de ch'l affaire,
I perd aussitôt s'n air joyeux,
Et vous dit, pour s'impêcher d' braire :
      Sorlets vieux!....

SORLETS VIEUX!..

LES VIEILLES CROYANCES.

Air nouveau de l'auteur.

Quand on parle des viell's croyances,
 Les jeun's gins d'aujord'hui
Ditt'nt que ch'est des estravagances,
 A ch't heur' queus (*) dins l'obli.
Mais qu'eune affair' leu tourne l' tiête,
 Et les mett' dins l' chagrin,
I s' diront : J'ai vu à m' ferniête
 Eune aragni' (**) ch' matin !

On ara biau faire et biau dire.
  D' ches séquoi-là,
Malgré qu'on n' cess'ra point d'in rire,
  On y croira. *(Bis)*

(*) Tombées.
(**) *Arrignée du matin, grand chagrin* Dicton populaire.

Mi, quand j'intinds dins m'n orell' droite,
  Un son qui m'échouit, (*)
Bien lon d'y mette un morciau d'ouate,
  Sitôt cha m' réjouit.
Hélas! si ch'est dins l'orell' gauche,
  Ch'est qu'on dit du ma d' mi,
Min cœur se r'serre, et je m' débauche (**)
  De m' savoir un enn'mi.

On aura biau faire et biau dire,
  D' ches séquois-là,
Malgré qu'on n' cess'ra point d'in rire,
  On y croira. (*Bis*)

Alfos quand j'aspire eun' nouvelle
  Qui dot m' désattrister,
Et que j' vo' à l' mêch' de m' candelle
  Un émillion (***) briller,
Rien qu' cha sitôt m' rind l'espérance,
  Et v'là, mes gins, pourquoi
Que j' prétinds qu' pus d'eun' vieill' croyance
  Est bonne à eun' séquoi.

(*) Qui m'étourdit.
(**) Je me désole. A quelqu'un qui se dit *débauché*, on répond plaisamment:
Un bochu vodrot bien l'ête.
(***) Lumignon.

On ara biau faire et biau dire,
   D' ches séquois-là,
Malgré qu'on n' cess'ra point d'in rire,
   On y croira. *(Bis)*.

Un jour, on m' propose eune affaire
   A qu'mincher l' vinderdi,
J'y pins', mais je m' dis : Va t' fair' faire !
   Moutrons-nous pus hardi !
Eh ben ! vous rirez d' mi, peut-ête,
   J'ai perdu dije écus !
Aussi, combien d' fos que j' répète :
   On n' m'y rattrap'ra pus !

On ara biau faire et biau dire,
   D' ches séquois-là,
Malgré qu'on n' cess'ra point d'in rire,
   On y croira. *(Bis)*.

Quand eun' marchande a fait s'n étrenne,
   Si ch'est par un soldat,
Vous l' veyez joyeuss' comme eun' reine,
   Et d' plaisi sin cœur bat.
Au contrair', si ch'est par eun' femme,
   Mais surtout, par eun' *sœur*,
Elle s'attriste et di' in ell'-même :
   Ah ! queull' journé' d' malheur !

On ara biau faire et biau dire,
D' ches séquois-là,
Malgré qu'on n' cess'ra point d'in rire,
On y croira. *(Bis)*.

Si par malheur on s' trouve à table
Avecque l' *point d' Judas*,
Ch'est eun' tristesse épouvintable,
Tout l' mond' pouss' des *Hélas !!!*
On est bien heureux quand eun' femme,
Dit tout d' suite : Inter-nous,
Vous povez compter l' quatorzième,
Quoique il est dins les choux !

On ara biau faire et biau dire,
D' ches séquois-là,
Malgré qu'on n' cess'ra point d'in rire,
On y croira *(Bis)*.

Eun' femme au qu'minch'mint (*) d' sin mariache,
Casse un miro d' chinq francs.
Cha li prédit dins sin ménache
Du malheur pou siept ans.
Vous m' direz : Ch'est eun' sotte histoire,
Et vous n'in croirez rien.

(*) Commencement.

In tout cas, mi, j'aim' mieu' y croire,
    Et n' jamais casser l' mien.

On ara biau faire et biau dire,
    D' ches séquois-là,
Malgré qu'on n' cess'ra point d'in rire,
    On y croira *(Bis)*.

Infin, tant qu'à m' mason j' s'rai l' maite,
    Là-d'sus j' f'rai vir mes drots :
Sus l' table j' défindrai qu'on mette,
    Coutiaux, fourchette' in crox.
J' tach'rai qu'on n' tourne point d' queyère ;
    Qu'on n' tienn' point l' pain r'tourné ;
Et qu'on n' laich' point bourler (*) par tierre,
    Eun' saliér' rimpli' d' sé.

On ara biau faire et biau dire,
    D' ches séquois-là,
Malgré qu'on n' cess'ra point d'in rire,
    On y croira. *(Bis)*.

*) Tomber.

J'AI DU MIRLITON

Air bien-connu.

L'aut' jour min cousin Polyte
Vient m'inviter à souper.
I m' dit : Jérom' viens bien vite,
J'ai du bon à t' fair' mainger.
  J'ai du mirliton,
  Mirliton, mirlitaine,
  J'ai du mirliton
   Ton, ton.

J'ai du bon *bœuf-à-la-mote*,
J'ai de l' soupe au lait-battu,
J'ai des reinnette' in compote,
J'ai aussi du pain-perdu.
  J'ai du mirliton,
  Mirliton, mirlitaine,
  J'ai du mirliton,
   Ton, ton.

J'ai, pour couronner l'affaire,
Du fromache et du gambon,
Et, sans parler du p'tit verre,
Eun' tasse d' consolation. (*).
  J'ai du mirliton,
  Mirliton, mirlitaine,

(*) Tasse de café.

J'ai du mirliton,
Ton, ton.

Ah ça ! mais, que j' dis, Polyte,
I m' senn' (*) qui s' brasse (**) eun' séquoi?
I' m' répond : Viens donc tout d' suite,
Te saras pus tard pourquoi
   Qu' j'ai du mirliton,
   Mirliton, mirlitaine,
   J'ai du mirliton,
   Ton, ton.

Pourquoi? vous allez p't-êt' rire,
Ch'est qu'eun' fille app'lé' Mimi,
Cachet l'occasion de m' dire,
Qu' sin p' tit cœur faijot pour mi :
   J'ai du mirliton,
   Mirliton, mirlitaine,
   J'ai du mirliton,
   Ton, ton.

L'amour vient dins l' cœur d'un homme,
Comme un éclair dins les yeux.
Si bien qu' j'ai dit : Foi de Jérome,
Vo cœur et l' mien f'ron' à deux :
   J'ai du mirliton,
   Mirliton, mirlitaine,

(*) Il me semble.
(**) *Brasser*, dans ce cas, a le sens figuré de *mitonner*, lorsqu'on l'emploie pour dire : préparer doucement une affaire que l'on veut voir réussir en temps opportun.

J'ai du mirliton,
  Ton, ton

Alors, Mimi, tout hénache,
D'intinde m' déclaration,
M'a dit : Pou m' mette in ménache,
Jérom', j'ai du bian, du bon :
  J'ai du mirliton,
  Mirliton, mirlitaine,
  J'ai du mirliton,
    Ton, ton.

Nous f'rons fair' par un notaire,
Un contrat des mieux soingnés.
Si d'mand' chin qu'nous volons faire,
Nous li diron', écrivez :
  J'ai du mirliton,
  Mirliton, mirlitaine,
  J'ai du mirliton,
    Ton, ton.

Nous f'ron' eun' fameuss' bombance,
Quand nous s' marirons ch'l hiver.
J'espèr' qu'à chaq' conter-danse,
Les musiciens juront l'air :
  J'ai du mirliton,
  Mirliton, mirlitaine,
  J'ai du mirliton,
    Ton, ton

LES VIEILLES CROYANCES.

J'AI DU MIRLITON.

LE SERGENT DE CHOEUR

LE SERGENT DE CHOEUR.

Air : J'étos un curé patriote,

ou

De l'Almanach de Poche. (3er volume, page 157).

Tout d' puis qu' j'ai de l' connaissance,
Tout d' puis que j' marche tout seu,
J'ai toudi' eu l'espérance
De n' point morir vieux raseu.
Mais jo n' pinsos point d' grimper
A l' plach' que j' viens d'attraper.

   Queul honneur ! (*Bis.*)
On m'a nommé sergent d' chœur.
   Ah! queul honneur ! (*Bis.*)

Deux biaux homm's : César, Patrice,
Comm' mi s'avott'nt présintés.
Mais l'un avot l' piau tout' grisse,
Et l'aut' n'avot point d' mollets.
Patric' qui s' croyot parfait,
Faut vir comme il a l' nez fait !

   Queul honneur !
On m'a nommé sergent d' chœur.
    Ah ! queul honneur !

Je m' vos déjà les dimanches,
Avec un capiau bordé,
Des grands galons su mes manches,
Un long sabre à min côté ;
Avec min frac couvert d'or,
Et m' cann' de tambour-major !

   Queul honneur !
On m'a nommé sergent d' chœur.
    Ah ! queul honneur !

Les grands jour', avé m'n hall'barde,
Je m' ten'rai rot comm' du fier.
Jamais soldat de l' vieill' garde,
N'ara eu l'air aussi fier.
In m' veyant tout l' monde dira :
« Que biau général que v'là ! »

Queul honneur !
On m'a nommé sergent d' chœur
Ah ! queul honneur !

Et si j' fais pus d'un caprice,
Min cœur, dur comme un rocher,
Dira : point d'argint, point d' Suisse,
Ch'est à printe u à laicher.
J'espèr' bien qu'un riche cabas, (*)
Viendra se j'ter dins mes bras.

Queul honneur !
On m'a nommé sergent d' chœur.
Ah ! queul honneur !

Et quand j'arai fait m'n affaire,
A mes parints, j'espèr' bien,
Avecque l' temps, povoir faire,
Grâce à m' plache un p'tit peu d' bien.
J' queminch'rai par min parrain :
Je l' frai nommer sacristain.

Queul honneur !
On m'a nommé sergent d' chœur.
Ah ! queul honneur !

(*) On appelle *cabas* les dévotes qui négligent les modes. (P. Legrand, Dictionnaire du patois de Lille).

Min pèr' port'ra d' l'iau bénite,
Il est lass' d'êt' babeinneu.
Et tant qu'à min frèr' Polyte,
I viendra p't-êt' bien sonneu.
Infin, grâce à mes efforts,
Min cousin s'ra porteu d' morts.

  Queul honneur !
On m'a nommé sergent d' chœur.
  Ah ! queul honneur !

Mais comm' tous les homme' in plache,
J'arais bien sûr des jaloux.
L'un dira qu' j'ai point d' corache,
L'aut' critiqu'ra mes ch'veux roux.
J' vas dire à tous ches sott's gins,
Quand i m'appell'ront Cach'-Quiens : (*)

  Queul honneur !
On m'a nommé sergent d' chœur,
  Ah ! queul honneur !

(*) *Cache-Quiens*. Employé de la fabrique, dont la mission spéciale est de chasser les chiens de l'Eglise. (P. Legrand). Par dérision, on donne aussi cette qualification au Suisse de paroisse ou *Sergent de chœur*.

LES CARTES.

Air nouveau de l'auteur.

Lassé de n' pus gangner min pain,
A fair' min métier d' dintellière,
Je m' dis par un jour au matin :
Tachons d' fair' canger min destin !
M' rappélant qu' dins les cartes, m' mère
Veyot l' passé, l' présint, l'av'nir...
Aussitôt je m' dis : V'là m'n affaire,
Vive un métier qui peut m' norrir !

Vite, accourez, gins désolés !
J' vas vous faire un p'tit tour de cartes,
Et, comm' l'infant qui maing' des tartes,
Aussitôt vous s'rez consolés.

Et, grâce à Dieu, d' puis ch' moumint-là,
Je n' sais pus chin qu' ch'est de l' misère.
Dins m' viell' cambre à toute heure i n'y-a
Des pratique' in veux-tu, in v'là !..

Un moumint, ch'est eun' cuisinière,
Qui vient m'consulter pour savoir
Si sin maite l' f'ra s'n héritière !...
Ell' s'in r'tourne avec ch'l espoir.

Vite accourez, etc.

Eune aut' fos, ch'est un homm' marié
Qui vodrot bien savoir si s' femme,
Malgré des grand's preuv's d'amitié,
Est fidèl' comme ell' l'a juré.
Pour tranquilliser ch' Nicodème,
Sans tarder j' bats min pus biau tour,
Et j' li prouve aussitôt qu'ell' l'aime
A ch't heure autant que l' prémier jour.

Vite accourez, etc.

Après ch'est eun' dam' du haut ton.
Aussitôt j' lis su sin visache,
Qu'elle se trouv' dins l' débalation (*)
De n' poin' hériter d'un poupon.
Rien qu' cha, rind facile m'n ouvrache
Après qu'elle a copé tros fos,
J' li dis : Madam' soyez bénache,
Vous n'n arez deu' avant neuf mos !

Vite accourez, etc.

(*) Dans une grande désolation.

Par un jour, grace à min métier,
J'ai fait marier eun' viell' reintière
Avec un pauv' petit filtier,
Qui reste incor dins min quartier.
J' m'in vas vous raconter ch'l affaire,
Et l' récit d' ches drol's de-z-amours,
Vous f'ra dir' que j' sus point sorcière,
Mais que j' fais tout d' mêm' des biaux tours.

Vite accourez, etc.

Consulté' par cheull' viell' dondon,
Qui n'avot pus vingt ch'veux su s' tiète,
J' li dis : Soyez sûr' qu'un biau blond
Est amoureux d' vous comme un lion !
Mais v'la-t-i point qu' cheull' viell' coquette
M' dit qu'elle a révé de ch' garchon,
Et qu' s'i veut v'nir, elle est tout' prête
D' acouter s' biell' déclaration !

Vite accourez, etc.

Min p'tit filtier étant prév'nu
De s' tenir là tout près de l' porte,
Et de v'nir au signal conv'nu,
Accourt d'un air fort résolu.
Et quand i sont à deux, mi j' sorte,
Pour les laicher libre' un moumint...

Enfin tout s'a passé d' tell' sorte
Qu'i s' sont mis dins *l' grand régimint*.
Vite, accourez, etc.

Mais cha n' va point toudis comm' cha,
Acoutez chìn que j' vas vous dire :
Deux bièll's mauzell' à grand flafla
Vienn'tent m' trouver, et mi, me v'là
R'muant mes carte', à len prédire
Qu'il' aront des galant' assez !...
Là d' sus ches filles s' mett'nt à rire....
Ch'étot des garchons déguisés !
Vite, accourez, etc.

Enfin, malgré ch' désagrémint,
Ch'est un biau p'tit métier tout d' même,
S'i m' donn' du tracas, du tourmint,
I m' donne aussi bien d' l'agrémint.
Mais t'nez, v'là l' fin mot : ch'est que j' l'aime.
Et je n' poros rien dir' de mieux...
Ainsi, l'homme amoureux d'eun' femme,
Trouv' toudis qu'elle a des biaux yeux.

Vite, accourez, gins désolés !
J'vas vous faire un p'tit tour de cartes,
Et, comm' l'infant qui maing' des tartes,
Aussitôt vous s'rez consolés.

LE SERGENT DE CHŒUR.

LES CARTES.

L' HABIT D'MIN GRAND PÈRE

L'HABIT D' MIN GRAND-PÈRE.

Air : *Sauvez mon fils de son village.* (Dalayrac).

ou

De la Roulade. (1re volume, page 51.)

Vous volez des cauchons pour rire ?
Ah! mon Dieu qu' vous m' rindez réu !
Je n' sais vraimint point quoi vous dire,
J'ai biau cacher comme un perdu.
  J' défais m' casquette,
  Je m' gratte à m' tiête,
Ch'est tout comm' si je l' jétos conte l' mur ;
  Je n' m'in rappelle
  Ni laid' ni bielle.
Vous m' croyez sot ! mi j' dis: Rien n'est pus sûr.
 Mais si je m' tais, l'affaire est claire,
 Vous allez m' traiter d'imborgneux ;
 Aussi, j' vas canter, faut' de mieux,
  L'habit d' min vieux grand-père. (*bis.*)

Ch'l habi' à coûté gramint d' doupes,
Car on n' faijot point d' drap, dins l' temps,
Avec du coton et d's étoupes,
Mais du moins cha durot longtemps.
Un habit d'homme,
Ch'étot tout comme
Un vieux portrait qui passe d' main in main,
Et qui rappelle
Tout, du modèle :
Les qualités, les défauts, et l' destin...
Aussi, ch'ti qui l'avot fait faire,
Mettot ses soin' à l' conserver...,
Et t'nez, chin qui va vous l' prouver,
Ch'est l'habit d' min grand-père.

Il l'a fait fair' pour sin mariache,
In l'ainné' mil-siept-chnat-trint'-tros,
Par un tailleur du voisinache
Qui n'n a révé pendant tros mos.
Car, dins s' boutique,
Jamais pratique
N'avot qu'mandé rien d'aussi élégant,
Et, faut tout dire ,
L' mieux comme l' pire,
Il a su l' faire aller tout comme un gant.
On dit que d' joie i n'a fait qu' braire,
Quand il l'a vu si bien porté,
Et qu'à l' noc' tout l' monde a vanté
L'habit d' min vieux grand-père !

Il a mis dix fos cheull' biell' pièche,
Pindant l'espace d' vingt-chinq ans,
Ch'est à les noc's d'eun' sœur, d'eun' nièche,
Au baptêm' de ses huit infants.
   Mais les dimanches,
   Tout d'puis les manches,
Jusqu'au colet, i l' broucho' avec soin.
   Et, ch'l affair' faite,
   Allot l' le r'mette
Dins sin coff', jusqu'au dimanch' prochain.
  Hélas! un jour à v'nu l' misère,
  Et m' gra-mèr' d'un air attristé,
  A dû porter au Mont-d'-piété
   L'habit d' min vieux grand-père

Min grand-pèr' meurt, mais s'n habit reste
A min pèr' qui l' porte quinze ans,
Alors, i n'in fait faire eun' veste,
In li racourchichant les pans.
   Mais, queulle histoire!
   In r'venant d' boire,
Eun' fos, min père, à m' mèr', cach' des raisons.
   V'là qu'on s' dispute,
   V'là qu'on s' culbute,
V'là qu'on s'arrach' les ch'veux, les cotillons...
  Infin, la paix finit pa' s' faire,
  Mais l' lind'main, à peìn' découché,
  Min pèr' brait d' vir, tout arraché,
   L'habit d' min vieux grand-père.

I n'y-avot pus moyen de l' mette,
Sans l' rap'ticher d' tous les côtés,
Alors eune idé' pass' dins l' tiète
De m' mèr' qui dit : « Père acoutez,
    No garchon Jacques,
    Autour des Pâques,
S'il est savant, f'ra s' prémièr' communion.
    V'là tout l'affaire,
    Ch'est de l' fair' faire
Juste a sin point, par un tailleur in r' nom. »
Min père a compris qu'i d'vot s' taire,
In intindant cheull' bonn' raison.
J'ai donc mis, l' jour de m' communion,
    L'habit d' min vieux grand-père.

Quoiq' solide, il a fini d' rire,
Ch'l habit si rar', si bon, si biau,
Malheureus'mint, j' peux presque dire
Qu'i n'in reste pus qu'un morciau.
    M' femme, un dimanche,
    Avec eun' manche
A rapièch'té min patalon collant ;
    Et, t'nez m' casquette,
    A été faite
Dins l'un des pan', et dins l' mitan du d'vant.
Enfin, quand m' femme a dev'nu mère,
N'ayant point d' picheux pou s'n infant.
Ell' s'a vit' servi du restant
    D' l'habit d' min vieux grand-père. (*bis.*)

LES AGRÉMINTS DU MARIACHE.

Air connu

ou

Voilà les Plaisirs du Village.

L'auter jour un drol' de garchon
Qui vind l' dimanch' du pain n'épice,
Vient m' trouver et m' dit : « Min luron,
Vous povez m' rinde un p'tit service.
Volant fair' comm' vous, bétôt j' vas m' marier,
Et ch'est là chin qui m'incorache
A vous d'mander, d' voloir bien reinseingner,   } bis.
Su les agrémints du mariache. »

Aussitôt j' li réponds comm' cha :
« Min fieu ch'est bien facile à faire.
D'abord, vo p'tit' femm' s'exerc'ra
A fair' tout chin qui peut vous plaire ;
A vous caresser, à vous imbrasser,
Au point d' vous user tout l' visache ;
Mais, tros s'maine' après, vir tout cha cesser..
V'là les agrémints du mariache. »

« Pus d'amour ! pour vous consoler,
Au moins vous vodris fair' bonn' chère.
Vous s'rez contint d' vous rappéler
Qu' vo femme est eun' bonn' cuisinière.
Mais, d'êt' si joyeux, vous avez bien tort :
Ell' vous f'ra mainger du fromache
Qui sintira bon.... comme un vieux rat mort !
V'là les agrémints du mariache. »

« Les dimanch's quand vous s' pourmen'rez,
Si, par hasard, vo femme est bielle,
Au long de l' prom'nad', vous verrez
Tous les lorgnons braqués sur elle.
Et tout au contrair', si ch'est un laidron,
Ah ! n'in soyez point pus bénache,
In l' moutrant du doigt, tous les gins riront !..
V'là les agrémints du mariache. »

« Vous s' verrez dins les sociétés,
　Au mitan d' deux jeun's fille' à table,
　Qui se r'tourn'ront d' tous les côtés,
　Chaq' fos qu' vous vodrez fair' l'aimable.
Tandis qu' près d' vo femme un biau p'tit faraut
　S' f'ra r'marquer par sin babillache,
Vous, vous arez l'air d'un fameux nigand !
　V'là les agrémints du mariache. »

« Et pus tard arriv'ront l's infants,
　Cha s'ra là l' pus triste d' l'affaire.
　Vous porez dire : Adieu bon temps !
　Car de ch' moumint-là, l' ménagère
D' ses biaux p'tits poupons s'occup'ra toudis,
　Si bien qu' quand vous r'ven'rez d' l'ouvrache,
Vous n' trouv'rez point, pour souper, un radis...
　V'là les agrémints du mariache. »

« Et, l' vint' creux, souvint vous s' couch'rez
Avec eun' bonn' grosse invi' d' braire,
　In vous-même alors, vous s' direz
　Qu'à dormir ou obli' s' misère.
Mais les marmouzets vous r'pouss'ront du lit,
　Surtout dins l' moumint de sévrache,
Vous n' dormirez point tros quarts d'heur' par nuit...
　V'là les agrémints du mariache. »

« Et tout cha vous rindant chagrin,
Par un biau jour vous f'rez tapache..
Vo femm' racont'ra chez l' voisin
Qu'elle a du malheur in ménache.
Pour publier cha, faudra point d' tambour,
Aussi, sans désirer l' veuvache,
Vous y busirez pus d' vingt fos par jour...
V'là les agrémints du mariache. »

L'HABIT D'MIN GRAND PÈRE

LES AGRÉMINTS DU MARIACHE

LES DEUX MARIEUX GOURES

LES DEUX MARIEUX GOURÉS. (*)

SCÈNE POPULAIRE

Air nouveau de l'auteur.

CÉLESTIN.
Eh bonjour ! bonjour Marie-Rosse.
MARIE-ROSE.
Bonjour Célestin !
Quoi d' nouviau d' vous vir si malin ?
CÉLESTIN.
Inter nous, ch'est eun' drol' de cosse...
MARIE-ROSE.
Alors, sans tarder,
Dépêchez-vous vite à parler.
CÉLESTIN.
J' vous dirai qu' vo cousine Harriette,
Pa s'n air si malin,
Comme un molin,
Fait tourner m' tiête,
Et ch'l amour m'a rindu si biète,
Que j' viens, comme ami,
Vous prier d' li parler pour mi !....

(*) Attrapés

MARIE-ROSE (riant).

Ah! ah! ah! ah! ah!
Queull' drôl' de nouvelle
Qu' vous m'appernez-là!
Elle est vraimint bielle,
Et quand on l' sara
Ah! ah! ah! ah! ah!
Tout l' monde in rira.

CÉLESTIN.

Tiens, tiens, tiens! quoi-ch' qui vous fait rire?

MARIE-ROSE.

Pardié, min luron,
Ch'est de m' donner cheull' commission!

CÉLESTIN.

Mais ch'est là parler pour rien dire...

MARIE-ROSE (à elle-même).

Tant pire, allons-y!
J' vas li mett' les points su les i.

(S'adressant à Célestin.)

J' vous dirai que d' puis l' jour de l' fiête,
Vo-n-air si malin,
Comme un molin,
Fait tourner m' tiête.
Et ch'l amour m'a rindu' si biête,
Que j' devos lundi
Vous fair' dir' cha par un ami.

CÉLESTIN (riant).

Ah! ah! ah! ah! ah!
Queull' drol' de nouvelle, etc.

CÉLESTIN.

Marie-Ross', vous n'avez point d' chance !

MARIE-ROSE.

Et vous, vrai d'honneur,
Vous n'avez point gramint d' bonheur,
Car Harriette a fait l' connaissance
　　D'un p'tit marchand d' lait,
Qu'on appell' César Nicolet.
V'là huit jours qu'i sont mis d' promesse,
　　Je n' fait point d' cancans,
　　On cri' leus bans
　　Dimanche, à l' messe.
Ainsi donc, lon d'êt' vo maîtresse,
　　Siept huit jours pus tard
Ell' s'appell'ra Madam' César !

CÉLESTIN.

Ah ! ah ! ah ! ah ! ah ! etc.

CÉLESTIN.

Nicolet !... j' n'in connos point d'aute.
　　Ch' garchon sans parel,
Est laid comme l' péché mortel.
Il a l' nez couleur d'eun' carotte,
　　Des yeux cachiveux (*),
Des ch'veux brellés (**) comme un taingneux;
Sin minton ch'est eun' vrai' galoche,
　　S' bouque est, sans mintir,
　　Vous porez l' vir,
　　Grand' comme m' poche.
Ajoutez : crochu de l' gamb' gauche,

(*) Chassieux.
(**) Qui se tiennent raides.

Vous arez l' portrait
Du p'tit Nicolet trait pour trait.

MARIE-ROSE.

Ah ! ah ! ah ! ah ! ah ! etc.

MARIE-ROSE.

Tant qu'à cha, Monsieur vaut Mamzelle,
   Car pou l' jolité
On peut dir' ch'est point s' qualité.
Elle est secq' comme un harondielle,
   Avouez qu'ell' n'est
Point pus rouch' que du sang d' navet.
Je n' dis rien de s' vilain' chev'lure,
   Mais j' peux dir' qu'elle a
   Du brein d' Juda (*)
   Tout plein s' figure....
Après cha, vantez s' biell' tournure,
   J' vous dirai, garchon,
Qu'ell' peut crier : Grâce au coton !

CÉLESTIN.

Ah ! ah ! ah ! ah ! ah ! etc.

CÉLESTIN.

Ch' n'est mi' rien qu'un vilain physique,
   Mais ch'est qu' Nicolet
Est pus fainéant qu'i n'est laid.
I n' peut point rester in boutique,
   Car, s'i vind du lait ,
Ch'est qu'i vient d'avoir sin livret.
J' l'ai connu pouss'-cu d' vinaigrettes,
   Marchand d' macarons,
   Marchand d'angnons

(*) Taches de rousseur.

Et d'alleumettes.
Par un jour i vind des planètes. (*)
Un aut' jour i sert
Un escamoteu in plein air !

MARIE-ROSE.

Ah ! ah ! ah ! ah ! ah ! etc.

MARIE-ROSE.

Sans parler maj'mint de m' cousine,
C'est point l'imbarras,
J' peux dir' qu'elle a d's œuës d' zous ses bras.
E n' veut point, ni faire l' cuisine,
Ni buer, ni laver,
Ni mêm' dins l' ménach' tripoter.
E n' busit, tant qu'elle est coquette,
Qu'à s'indimancher,
S' fanferlucher
Des pieds qu'à l' tiète.
Pour finir elle passe à s' toilette
La mitan du jour,
Et l' reste ell' s'in va faire un tour.

CÉLESTIN.

Ah ! ah ! ah ! ah ! ah ! etc.

CÉLESTIN.

Cha va faire un drol' de mariache :
L'homme, au lieu d'ouvrer,
Tros jours sur six ira s' soûler ;
In rintrant, i f'ra du tapache,
Si s' femm' ne s' tait point
Elle attrap'ra pus d'un cop d' poing.

(*) Horoscopes que débitent assez souvent les marchands d'orviétan ou de faltranck, prononciation lilloise : *faltran*.

MARIE-ROSE.

Pour Harriette, ell' s'ra tell'mint claque, (*)
   Qu'on l' porra, ch'est sûr,
   Coller su l' mur
   Comme eun' couq'-baque ;
Mais si s'n homme veut li *fiche* eun' claque,
   Ell' le trait'ra d' sot,
Et li donn'ra des cops d' chabot.

CÉLESTIN.

Ah ! ah ! ah ! ah ! ah ! etc.

CÉLESTIN.

Ah ! merci, merci Mari'-Rosse,
   J'étos biau garchon
Si j' marios ch'l espèce d' guenon.
Heureus'mint qu'à ch't heur' cha fait brosse,
   Elle arot, vraimint,
Ses pieds, s' tiête et sin *dos* d'argint.
J'in veux pus. Tiens, mais v'là qu' j'y pinse,
   Vous méritez bien,
   Vous, min soutien,
   Eun' récompinse
Vous m' rindrez heureux comme un prince,
   Si pour amoureux,
Vous volez d' mi...

MARIE-ROSE.

J'demand' point mieux !
Ah ! ah ! ah ! ah ! ah ! etc.

MARIE-ROSE, (à part).

Bon, je l' tiens ! je n' rest'rai point fille,
   Je n'n avos si peur,
Ah queu bonheur ! ah queu bonheur !

*) Indolente.

Ch'est égal, ch'étot point facile
D'attraper ch' cadet
Comme un goujon dins min filet.

CÉLESTIN.

Quoi-ch' vous dit's ?

MARIE-ROSE.

Que j' sus fin bénache,
Mais que ch' n'est point tout,
Allons qu'au bout,
Parlons d' mariache.
Car eun' fille qui s' promet d'êt' sache,
Pou t'nir sin sermint
Dot s' mett' vit' dins l' grand régimint.

CÉLESTIN.

Ah! ah! ah! ah! ah! etc.

CÉLESTIN.

Halte-là! ch'est eune aute affaire.
J' veux bien fair' l'amour,
Mais pou m' marier, j' dis non tout court.

MARIE-ROSE, (à elle-même).

Alors donc m'n affaire est tout' claire,
Ch'est pour m'affronter
Qu'il arot volu m' fréquenter !

(S'adressant à Célestin).

Ah! vaurien, tiens, si j' croyos m' rache,
J' t'arrach'ros tes yeux.
Tin nez, tes ch'veux,
Tout tin visache.....
Si t'aros pour deux sous d' corache,
Te ven'ros sans r'tard,
A deux batiller su l' rempart.

CÉLESTIN (chant très-fort).
Ah ! ah ! ah ! ah ! ah ! etc

CÉLESTIN.

Aie, aie, aie, non j'in peux pus d' rire.
  Ch'est comme un mouqu'ron
Qui vodrot dévorer un lion !

MARIE-ROSE.

Tach' de t' taire, u bien cha s'ra pire.
    J' te dirai tin nom,
Tin prénom et mèm' tin sournom...
    Tiens, j' m'in vas !

CÉLESTIN.

Adieu Saint'-Mitouche !

MARIE-ROSE.

A r'voir capenoul !
A r'voir niedoul !!
A r'voir Cartouche !!!

(Elle s'éloigne).

CÉLESTIN.

Bon voyach'! mais surtout, sott' brouche,
    Pour m' fair' bien plaisi
Tachez de n' pus pinser à mi. (Marie-Rose lui montre le poing
et sort).

Ah ! ah ! ah ! ah ! ah !
Queull' drol' de nouvelle
Que j' peux conter là !
Elle est vraimint bielle
Et quand on l' sara
Ah ! ah ! ah ! ah ! ah !
Tout l' monde in rira.

LES DEUX MARIEUX COURÉS.

ASCENSION AU BEFFROI

L'ASCENSION AU BEFFROI.

Air des Chonq Clotiers, chant populaire de Tournai, par Leray.

Tout d'puis longtemps, j'avos dins m' tiéte
D' grimper tout in haut du beffro.
Eun' fos j'y monte et j' prinds l' lorgnette
Que j' ressue avec min moucho,
   Pour mieux vir clair.
   J'avos tout l'air
De ch' vieux bon-homme app'lé Mathieu-Lansberg,
  Qui nous prédit, tout nette, } *bis.*
  Qu'i n' fra point caud l'hiver.

V'là que l' guetteu, sans qu' je l' réclame,
Espérant que j' s'ros généreux,
Vient m' débiter tout sin programme
Des séquois qu'on vot d' pus curieux,
   I m' dit : « Vettiez
   Tourcoing, Roubaix,
Pus lon, Tournai. Dins cheull' vill' vous verrez,

Vous verrez *Noter-Dame*
Avec ses *chonq clotiers.* » (*)   } bis.

Ayant vu ch'l églije d' paroisse
De l' grosseur d'un p'tit cervelas,
I m' dit : « Ch' point blanc comme d' l'impoisse,
Qu'on vot là-bas, ch'est l'*Mont des Cats* (**)
  Là, pou s' punir,
  Et n' point mintir,
Des bons r'ligieux s' rind'nt muots...Queu r'pintir!
  Pourtant, Dieu donn' de l' voisse, } bis.
  Ch'est pour nous in servir. »

Fier d'avoir dit cheuff' biell' parole,
Comme i s' ringorgeot min guetteu.
J' li dis : « Min fieu t'as jué tin rôle,
A ch't heure i faut m' laicher tout seu.
  Va, min luron,
  J' te l' dis tout d' bon,
J' frai bien sans ti, et mêm' sans tin lorgnon.
  Pour vir du biau, du drole,   } bis.
  J'ai point b'soin d'vettier lon.

(*) *Cinq clochers*, prononciation tournaisienne.
(**) Le mont des Cats (chats) ou des Kattes, qui tire, dit-on, ce dernier nom d'une race d'hommes du Nord, venus de la Hesse et par qui il fut autrefois habité, est situé près Bailleul, entre les communes de Godewaersvelde et Boeschèpes. Le célèbre peintre Ruisseu, né à Hazebrouck, y a fondé un couvent de Trappistes qui subsiste encore.

Et m'n œul, pus vif qu'eune harondielle,
In un rien d' temps fait bien du qu'min.
Ell' découvre l' biell' Citadelle,
L'Esplénade, l' Grand-Magasin,
   Et l'Hopita.
   Ell' s'arrett' là...
Queull' grand' mason! pourtant je m' dis comm'cha :
  Quoique elle est vraimint bielle, } *bis.*
  Ch' n'est qu'à r'gret qu'on y va.

Su' Saint'-Cath'rine j' vos l's équelles
Du télégraph' qui s' croij' les bras,
Et qu'on r'vettiot comm' des mervelles,
N'y-a point vingt ans. A ch't heure, hélas !
   Ch'est du vieux var.
   On l' peut dir', car,
Que l' temps soich' clair, u bien rimpli d' brouillard,
  On sait mieux les nouvelles } *bis.*
  Avec des fis d'acar. (*)

A droite j' découvre l' Plachette,
Cha m' rappelle un fort drol' de tour :
Ch'est là qu' dins l' temps, à Gross'-Rougette,
In much'-muche j' faijos l'amour.

(*) Fils d'archal.

Comme j' l'aimos !
Sin père, eun' fos,
Nous surpernant, pindant que j' l'imbrassos,
Veut nous j'ter pa' l' ferniête... } bis.
Nous y passon' à tros.

Et puis, j' vos l'hopita Comtesse,
Qui n'a pus sin p'tit carillon.
Comme j' sins qu' cha m' met dins l' tristesse,
J' détourne m' vue, et j' vette au lon.
J' vos Saint-Sauveur.
Ah ! queu bonheur !
Car cha m'rappell' min métier d'infant d' chœur.
Infin, j' vos cheull' Déesse
Qui prouv' qu'on a du cœur. } bis.

J'ai resté là jusqu'à la brune,
Tell'mint qu' j'y trouvos du plaisi,
Et, s'il avot fait clair de lune,
J'y s'ros resté l' soirée aussi.
Mille ans j' vivros,
Je m' rappell'ros
Cheull' biell' partie, et toudis je m' diros :
J'aim' mieux qu'eun' grand' fortune, } bis.
L'honneur d'êt' *sot Lillos*.

L'HOMME PROPOSE....

ou

LE NEZ DE MARIE-ROSE.

Air : Un jour à Panchon j'dis : Ma fille (Vadé).

Avecque m' maîtress' Mari'-Rosse,
Un jour je m' dis : J'vas m'amuser
    A danser ;
D' boire et d' mainger j' vas m' fiche eun' bosse,
    J' m'in rappell'rai
  Si longtemps que j' vivrai ;
Mais l'homm' proposse et Dieu disposse.
    Jamais dicton
  N'a prouvé tant d' raison. } bis.

Mari'-Rosse a fort bonn' tournure,
Aussi j'étos fier comme un paon
    In marchant,
Mais v'là qu'à l' Nouvielle-Avinture,

Deux tros graingnards,
Volant fair' les tariars,
S' mett'nt à critiquer s' bïell' figure,
Et dir' qu'elle a
L' nez comme un rémola.   } bis.

In intindant cheull' mintirie,
J'étos près d' giffer ches vauriens,
Mais j' me r'tiens.
J' pins' qu'i vaut mieux dire eun' drol'rie,
Qu'on in rira,
Et qu' l'affair' finira.
Alors, sans m' dérainger, j' leu crie :
« Et mi j' vous dis
Qu'ell' l'a comme un radis !! »   } bis.

Mais ch' mot-là, bien lon d' les fair' taire,
Au contraire a ravigoté
Leu gaîté.
I m'ont dit : « Ch' n'est point nécessaire
D' crier, garchon,
Pour prouver qu' t'as raison.
Eun' séqui (*) peut juger l'affaire,
Et ch'ti qui perd,
Paiera les frais d'espert. »   } bis.

(*) Quelqu'un, n'importe qui.

Là-d'sus j'aros volu, j' vous l' jure,
Vit' m'in aller semblant de rien.
   P'oint moyen !
Curieux d' vir eun' telle avinture,
   Autour de nous,
  Les denseux vienn' tertous,
In dijant : « Queull' drol' de pariûre !
   Quoi ! l' vrai motif
  Est-i vrai qu' ch'est un piff ? } bis.

J' pari' donc tros boutell's de bière.
L'espert queusi, intre in fonction,
   Mais ch' capon
Vettiant, p'lotant l' nez de m' bergère,
   Dit : Je n' vos là,
  Radis, ni rémola !
Ch'est un nez rar', l'affaire est claire,
   Car il est fait
  Tout comme un gros navet. } bis

Cheull' confonnatt' m'a monté l' tiète,
Boullant d' colèr', je n' me r'tiens pus,
   J' tape d'sus.
A deux, nous bourlons dins l' gloriette.
   Je m' sintos fort

Autant qu' l'hercul' du Nord ;
J' volos l' croquer comme eun' nojette.
Malheureusemint
I n' me reste qu'un dint. } bis.

J' me r'lève avec eun biell' œuillarde,
Avec min visach' bien marqué,
L' nez croqué.
Mari'-Rosse m' dit : V'là la garde !
Allons ! César,
Partons d'ichi sans r'tard,
Car si te t'amusse' à l' moutarde,
Min pauv' luron,
On va t' mette au violon. } bis.

Sorti d' là, j' di' à Mari'-Rosse :
« Nous pinsim's tant nous amuser
A danser !
D' boire et d' mainger nous fiche eun' bosse !...
J' m'in rappell'rai
Si longtemps que j' vivrai !
Ah! l'homm' proposse et Dieu disposse...
Jamais dicton
N'a prouvé tant de raison. » } bis.

L'ASCENSION AU BEFFROI.

LE NEZ DE MARIE-ROSE.

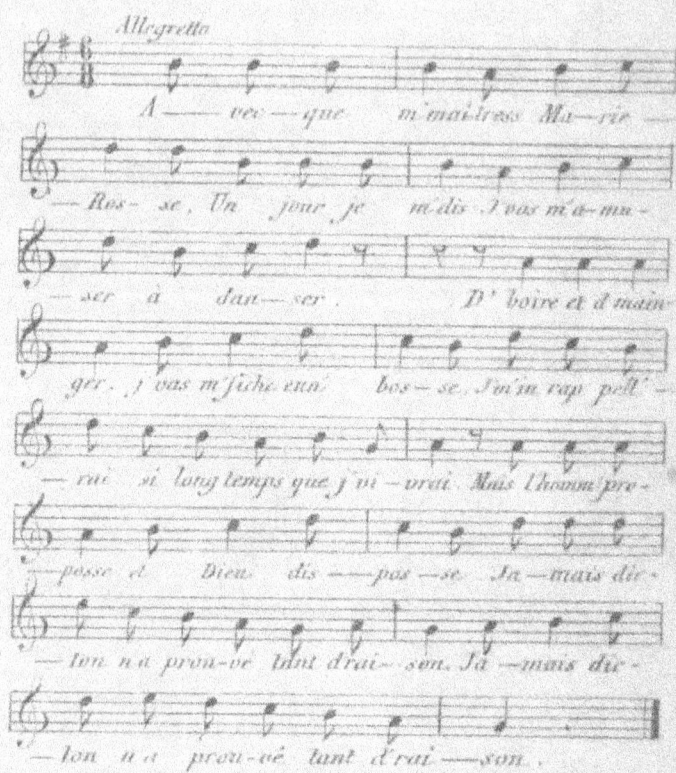

LE NUNU.

L' NUNU.

Air du Spectacle gratis (1er vol. page 17).

ou de

Madame Grégoire.

J' pariros, mes gins,
Qu' vous n' connaîchez point p'tit Magloire.
Ch'est pour cha, que j' viens,
In deux mots, vous dire s'n histoire.
Si vous m'acoutez,
Bien sûr vous rirez
D' ses manière' et d' sin caractère,
Et comm' mi, vous direz, j'espère :
J' n'ai jamais connu
Un homm' si nunu. (CHŒUR.) (*)

On peut dir' qu'il est
Réglé comme un papier d' musique.
V'là que l' jour paraît,
Sans réveiller s' femme Angélique,
I s' lève. Aussitôt
Va vidier sin pot,

(*) Le chœur répond invariablement à chaque couplet :
J' n'ai jamais connu
Un homm' si nunu !

Prind l' ramon et ramonne l' plache,
Et met tous les affaire' in plache...
    Avez-vous connu
    Un homm' si nunu ? (chœur.)

        Pou n' point dépinser
D'argint pour avoir des équettes, (*)
        I va ramasser
Des tortins d' pall' (**) su' des carrettes.
    I r'vient tout gogu, (***)
    Alleumer sin fu,
Fait l' café, su' ch' fu qui pétille,
Et l' rind clair par eun' piau d'anwuille... (****)
    Avez-vous connu
    Un homm' si nunu ? (chœur)

    Quand ch'l ouvrache est fait,
Alors i révelle Angélique,
    I bot sin café,
Prind s' tarteinne et parte à s' boutique.
    Avant cha, ch' mitin, (*****)
    Avé l' pus grand soin,
Craint' que s' femm' faich' du tripotache,
I much' tout : pain, burre et fromache...
    Avez-vous connu
    Un homm' si nunu ? (chœur.)

(*) Menus copeaux ; rubans de bois produits par le rabot.
(**) Brins de paille tournés ensemble.
(***) Gai, content.
(****) Quelques-unes de nos vieilles ménagères se servent encore d'un morceau de peau d'anguille pour éclaircir le café. Cet usage était assez répandu à Lille, avant l'adoption des alambics.
(*****) Minutieux, synonyme de nunu.

Comm' mi, vous direz
Qu'Angélique est bien malheureusse,
Car i tient les clés,
Comm' si cheull' femme étot voleusse.
I li donn' six ronds
Pour les provisions
De l' journé', d' puis l' fu jusqu'à l' soupe,
Et l' soir, i compt' tout, doupe à doupe...
Avez-vous connu
Un hômme si nunu ? (CHŒUR.)

Quand i sorte, i met
Un bout d' palle au cul de l' caf'tière.
Si s' femme s' permet
D' boire eun' tasse avec eun' commère,
Tout aussitôt, l' fu
Consomme ch' fétu.—
S'i vot cha, r'venant de s' boutique,
Angélique attrape eun' biell' trique...
Avez-vous connu
Un homm' si nunu ? (CHŒUR.)

I n'a rien pour li :
Il est glou (*) comme un cat d'ermite,
Quand on cuit l' bouli,
I n' quitt' point les yeux de l' marmite.

(*) Friand; ne pas confondre avec glouton.

Mais chin qu'i n'y-a d'mieux,
Ch'est qu'il est nactieux. (*)
S'i trouve un papin dins s'n assiette,
I crache, i délouff' comme eun' biête...
　　　Avez-vous connu
　　　Un homme si nunu ? (CHŒUR.)

　　　Pus d'un cabar'tier,
Comme on l' sait, tire s' bière à l' mousse.
　　　Chacun sin métier,
On vot cha sans mêm' faire eun' mousse. (**)
　　　Mais ch' petit filtier
　　　A soin d'y vettier.
S'i li manque un d'mi-quart de verre,
I rind s' canette à l' cabar'tière ..
　　　Avez-vous connu
　　　Un homm' si nunu ? (CHŒUR.)

　　　Dieu, comm' pou l' punir,
A volu raugminter s' famille.
　　　S' femm' vient d' li fournir
D'un seul côp, un garchon, eun' fille.
　　　Comme ches nouviau-nés,
　　　N'ont point *tout sin nez*,
V'là-t-i point que l' sot Nicodème,
Veut bonn'mint s' mette arriêr' de s' femme !—
　　　Avez-vous connu
　　　Un homme si nunu ? (CHŒUR).

(*) Dégoûté. Le *nactieux* trouve toujours, en mangeant, quelque chose qui le dégoûte.
(**) Moue.

LA FEMME DU PERRUQUIER.

Air nouveau de l'auteur

ou de

Jeanne-Maillotte.

L'aut' jour Mari'-Charlotte,
L' femm' d'un p'tit perruquer,
Dijot : Qu'eun' fille est sotte
D' consintir à s' marier.
Mi, j'ai six mos d' mariache,
J'in sus lasse d'puis tros,
Aussi, tell'mint qu' j'inrache,
J'ai dit pus d' deux mill' fos :

    Après cheull' bielle épreufe,
    Si jamais j' deviens veufe,
    Vous n' m'y rattrap'rez pus,
        Gadrus ! (*)
    Vous n' m'y rattrap'rez pus,

(*) Gas, gars, garçon.

Quand j'étos jeun' fillette,
Ah! qu' j'avos du plaisi,
Je n' pinsos qu'à m' toilette,
A l'amour, au lari. (*)
A ch't heur', fièto' et dimanches,
Avec min perruquer,
Ch'est eune aut' pair' de manches,
Tout l' jour i m' faut saquer. (**)

    Après cheull' bielle épreufe, etc.

Car, dès l' prémièr' semaîne,
I m'a donné des l'çons,
Pour donner des cops d' peinne,
Raser, fair' des frisons.
Et mi, comme eun' sott'-biète,
J' m'ai mi' au courant d' tout...
J'aros mieux fait de m' mette
Eun' corde autour du cou.

    Après cheull' bielle épreufe, etc.

Et comm' j'ai l' main légère,
Et que j' fris' bien mieux qu' li,
Tout un chacun veut s' faire
Rageintiller par mi.

(*) Lari a le sens de gaîté, hilarité.
(**) Tirer. Au figuré, travailler avec ardeur, faire un travail fatigant.

J' viens rouch' comm' des chériches
In frisant les blancs-biecs,
Car i n' sont jamais chiches
De m' dir' des quolibiecs.

 Après cheull' bielle épreufe, etc.

L'un souffle dins m'n orelle :
« Min cœur, quand j' pinse à vous,
S'in va comme eun' candelle
Qui brûl' par les deux bouts... »
L'aute m' dit : « Perruquére,
Qu' vous avez des biaux yeux !... »
J' l'intinds dire in derrière
Qui sont tout cachiveux.

 Après cheull' bielle épreufe, etc.

Et puis, pou m' récompinse,
Quand j' sus bien lass' d'ouvrer,
I faut tout d' mêm' que j' pinse
A nous faire à mainger.
Quand j' deinne u bien que j' soupe,
Quoiq' je r'lav' tout au mieux,
Il est rar' que dins m' soupe,
I n' se trouv' point des ch'veux.

 Après cheull' bielle épreufe, etc.

In veyant qu' min cœur saute,
Tant qu'il est plein d' dégoût,
Min daron m' dit : « Charlotte,
On s'habitue à tout.
Pour un p'tit ch'veu te pluques, (*)
Et t'as peur d'y toucher ;
Pus tard, mêm' des Perruques
N' saront point t' fair' cracher. »

 Après cheull' bielle épreufe, etc.

D'intinde eun' tell' sottisse,
J' lis dis : T'es-t-un colas !
Aussitôt cha l' défrisse,
I m' trait' du haut in bas.
Pour li passer s' colère,
I s'in va boire eun' fos,
Et mi je m' mé' à braire
Des larmes comm' des pos.

 Après cheull' bielle épreufe,
 Si jamais j' deviens veufe,
 Vous n' m'y rattrap'rez pus,
   Gadrus !
 Vous n' m'y rattrap'rez pus !

(*) Pluquer, au propre, signifie becqueter ; au figuré, manger à petites bouchées.

LE NUNU.

LA FEMME DU PERRUQUIER

JEANNE MAILLOTTE

JEANNE-MAILLOTTE (*).

Air de la femme du parapluie (même vol. page 115).

Eun' séquoi qui m' tripotte,
Ch'est qu' jamais, Brûl'-Mason,
N'a fait sur Jeann'-Maillotte,
Un p'tit couplet d' canchon.
Pourtant, cheull' cabar'tière
Méritot bien ch'l honneur,
Car, comme eun' vrai' guerrière,
Elle a moutré du cœur.

L'histoire d' Jeann'-Maillotte
N'est point moins biell' qu'eune aute,
  Et vous direz,
  Quand vous l' sarez,
Qu'ell' mérit' vingt couplets.

(*) Nous extrayons ce qui suit de l'*Histoire de Lille* de M. Victor Derode : « Les Hurlus, qui avaient à venger leur défaite devant Tournai vinrent encore le 22 juillet 1582. Cette fois, c'est une femme du peuple qui se chargea de les repousser. Ces bandits s'étaient répandus dans les faubourgs de Courtrai, en ayant soin de cacher leurs armes. Pendant les vêpres ils se réunissent, font feu sur les bourgeois inoffensifs. En entendant du bruit, un Lillois monte imprudemment sur le rempart pour voir ce qui se passe, il est tué d'un coup d'arquebuse. Les confrères Saint-Sébastien, dont le jardin était sur l'emplacement de la place aux Bleuets, accourent avec leurs arcs et leurs flèches, Jeanne-Maillotte, l'hôtesse, s'empare d'une hallebarde, se met à la tête des archers et fond sur les Hurlus ; les femmes du quartier se mettent de la partie, elles jettent de la cendre aux yeux des agresseurs, qui bientôt prennent la fuite, emmenant avec eux quelques prisonniers et mettant le feu partout. On conserve encore au bureau des hospices la lance de l'héroïne ainsi qu'un tableau où son fait d'armes est représenté. »

Maillotte étot l'hôtesse
Des confrèr's Sébastien,
Exerçant leu-z-adresse
A tirer d' l'arc fort bien.
Au mitan d'eusse, ell'-même
Avot l'honneur du : *Jó !!...* (*)
Car on a vu cheull' femme
Abatt' souvint l'ojeau.
L'histoire, etc.

Volant s'imparer d' Lille,
Les Hurlu' (**), in hurlant,
Un jour, à pus d' dix mille,
Vienn'te friant-battant.
Un Lillos, qui s'amusse
A vettier su' l' rempart,
Meurt d'un cop d'arquebusse
Qu'il a r'chu d'euss', queq' part.
L'histoire, etc.

Cheull' nouvell' donn' l'alarme,
Et met l' vill' sans sous d'sus.
Chaqu' femme n' fait qu'eun' larme,
Les homm's sont tout réûs ;
On dit qu'un nommé Ph'lippe,
N' pinsant pus qu'à s'armer,

(*) Cri de triomphe des archers à la perche lorsqu'ils abattent l'oiseau.
Locution proverbiale : *Jo ! min pèrs a abattu l'oj'au !*
(**) Hurleurs. Sobriquet donné par les Lillois aux partisans de la Réforme religieuse sous Charles-Quint.

A mèm' laiché là s' pipe
Sans finir de l' feumer !
L'histoire, etc.

Veyant cha, Jeann'-Maillotte,
Avec tous ses archers,
Surnommés *nul-s'y-frotte*,
Vient su' l' Plache à Bleuets.
Ell' fait cesser les plaintes,
Chaqu' femm', dev'nant soldat,
S'arme d'un painnier d' chintes
Pour courir au combat.
L'histoire, etc.

Et, n'ayant point pus d' craintes
Qu' nos zouav's si résolus,
Ches femm's vont j'ter des chintes
Dins les yeux des Hurlus.
Maillotte, avé s'n hall'barde,
In met tros chints d' côté,
Et, sans pitié, les larde,
Comm' de l' chair à pâté.
L'histoire, etc.

Les Hurlus (l' peu qui reste),
Veyant qu' cha va maj'mint,
N'ont point d'mandé leu reste
I sont partis viv'mint.
Nos guerrièr's, vrai's toutoules,
Glorieus's d'avoir vaincu,

Criott'nt comm' su' des droules :
« *Ha hu! ha hu!! ha hu!!!*
L'histoire, etc.

On a ram'né Maillotte
In triomphe, à s' mason.
On a fai' eun' ribotte
Pendant huit jours de long.
Et, r'devenu' cabar'tière,
A les jeun's comm' les vieux,
Jeann'-Maillott' servot s' bière
Avè s'n air amiteux.
L'histoire, etc.

Comme un souv'nir, on garde,
A l'Administration (*),
L' biau portrai' et l' hall'barde
D' cheull' cabar'tière in r'nom.
Eun' nouvell' que j'ai crue,
Ch'est qu' laichant là ch' tableau,
On mettra s'n estatue
Sus l' *Marqué à p'tit-viau!* (**).

L'estatu' d' Jeann'-Maillotte
N' s'ra point moins biell' qu'eune aute,
    Et vous direz,
    Quand vous l' verrez,
Qu'ell' mérit' chint couplets.

(*) Nous devons faire remarquer que pour désigner l'administration des hospices, les Lillois disent simplement : *l'Administration*
(**) Nom populaire du marché à la viande de la place aux Bleuets.

L' CRAQUEU

Air : Il était un p'tit homme.

Un homm' de l' rue à Claques,
Pa'c' qu'il a voyagé,
  A jugé
Qu'i peut conter des craques
Sur tout chin qu'il a vu,
  Intindu.
Quand i parle, on rit,
Même on l' l'applaudit,
Et puis, v'là chin qu'on dit :

 Ah ! queu minteu ! *(bis)*.
Ah ! mon Dieu queu craqueu !

Par eximple, il assure
Qu'un gros cinsier d' Fleurbaix,
  In sang frais,
A fait, d'vant li, l' pariûre
D' mainger chint cornichons
  Biaux et longs,
Su' l' temps qu'un soulot,

F'rot, même au galop,
Vingt fos l' tour d'un d'mi-lot.

 Ah ! queu minteu ! *(bis)*
Ah ! mon Dieu, queu craqueu !

I vous dira sans rire :
« Queu biau tour que j'ai jué
  A Douai.
Passant là, j'intinds dire
Qu'on a croqué l' mann'quin
  D' *Tiot-Bimbin*.
J' mets, friant-battant,
L'habit de ch'l infant
Et j' marche avec Gayant. »

 Ah ! queu minteu ! *(bis)*
Ah ! mon Dieu, queu craqueu !

Qu'on li parle d' musique,
I n' vant'ra que les canchons
  Des pinchons,
Car i dit qu'in Belgique,
Il a vu l' grand débat
  D'un combat ;
Qu'un pinchon d' Werwick,
 Par mill' *ritchitchuick* (*)
N'a gangné qu' ric-à-ric.

(*) Onomatopée du chant du pinson.

Ah! queu minteu! (*bis*)
Ah! mon Dieu, queu craqueu!

In Russie, in Afrique,
Il a servi six ans.
   Pindant ch' temps,
Il a donné pus d' trique
A tous ches fiers enn'mis
   D' no pays,
Qu'à l' Plache à Bleuets,
Les jours de marqués,
N'y-a d' petits viaux morts-nés.

 Ah! queu minteu! (*bis*)
Ah! mon Dieu, queu craqueu!

I dit d'un air d'aisance,
Qu'à l' prisse d' Malokoff,
   Gortchakoff,
Ayant r'marqué s' vaillance,
Est v'nu li dir': « Min fieu,
   Saper-bleu!
Quoi t' n'es qu' brigadier?
T'as qu'à désalter,
Et j' te nomme officier. »

 Ah! queu minteu! (*bis*)
Ah! mon Dieu, queu craqueu!

Bien pus fort, il ajoute
Que ch' fameux général
            Sans égal.
A dit comm' cha tout oute : (*)
« Allons viens donc, m'n ami,
            Avec mi.
Quand m' fill', te verras,
Sûr que t' li plairas.
Eh ben ! te l' marîras. »

    Ah ! queu minteu (*bis*)
Ah ! mon Dieu, queu craqueu !

Et, comm' ch'est dur à croire,
On li dit : « Mamulot,
            T'as fait l' sot ! »
I répond : « J'aim' Victoire,
Ell' m'avot fait jurer
            De l' marier ;
J'ai t'nu min sermint,
Et j'in sus contint,
L'amour vaut mieux qu' l'argint. »

    Ah ! queu minteu ! (*bis*)
Ah ! mon Dieu, queu craqueu !

(*) Tout net ; sans ambages.

JEANNE MAILLOTTE.

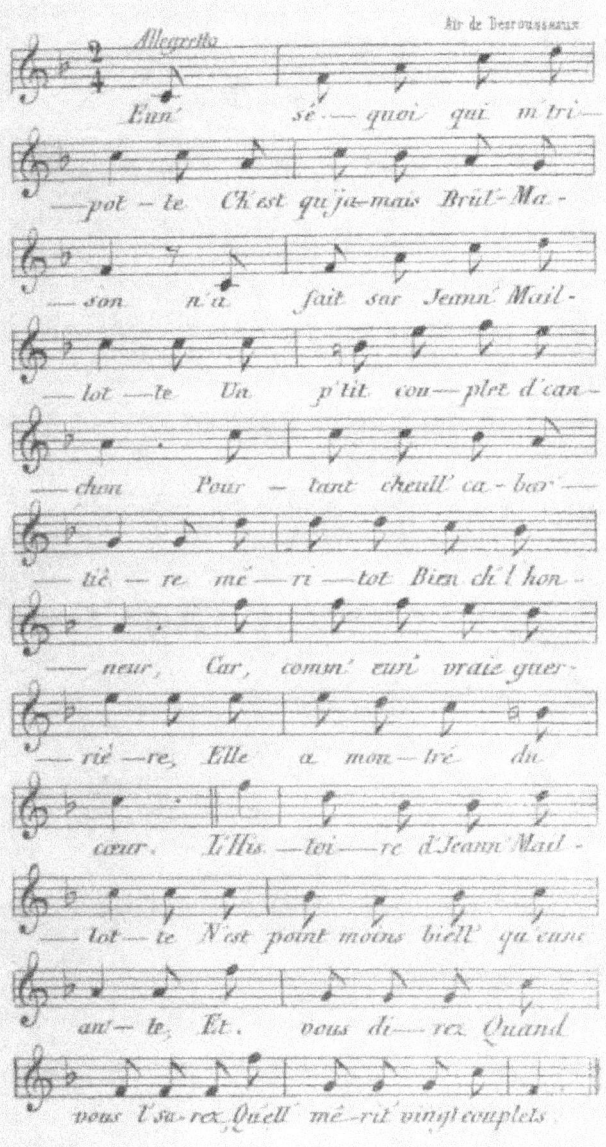

L' CRAQUEUX.

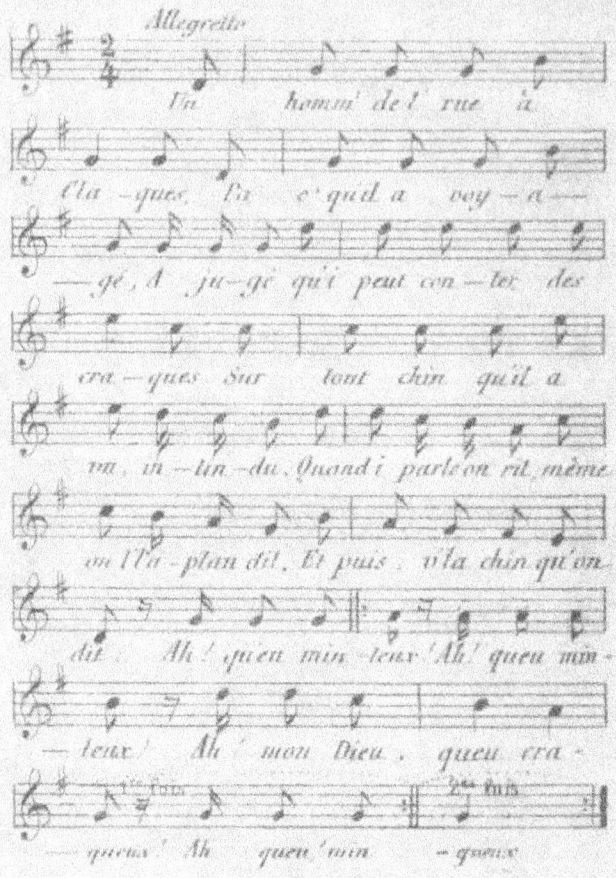

GROSS' ROUGETTE

GROSSE-ROUGETTE.

Air : Ma tante Urbrette.

Faut vous dire qu' l'auter jour,
In allant faire un p'tit tour,
J'ai rincontré sus l' Plachette,
    Gross'-Rougette,
    Gross'-Rougette,
  Cheull' fill' si rond'lette. *Bis.*

On dit qu' l'amour, bien souvint,
Nous surprind comme un ma d' dint.
Cheull' raison là n'est point biête :
    Gross'-Rougette,
    Gross'-Rougette,
  A fait tourner m' tiête.

Mais sans fair' ni eun' ni deux,
J' li dis : « D' vous j' sus-t-amoureux.
Allons jusqu'à *La Colette*,
    Gross'-Rougette,
    Gross'-Rougette,
Boire eun' bonn' canette.

Elle accepte, et nous partons
Joyeux comm' deux vrais godons.
Chaq' femm' vettiot de s' ferniête,
    Gross'-Rougette,
    Gross'-Rougette,
Avecque s'n emplète.

In rout', sans pus d' précaution,
Parfaijant m' déclaration,
J' li dis : J' vous aime !..... et je l' vette.
    Gross'-Rougette,
    Gross'-Rougette,
Dit : « L'affaire est faite ! »

Nous buvons, comm' deux soulots,
In fort peu d' temps, tros d'mi-lots.
Pour que rien n' manque à cheull' fiéte,
    Gross'-Rougette,
    Gross'-Rougette,
D'mande d' l'anisette.

Li r'fuser cha ! cha n' se peut,
J'in fais v'nir tant qu'elle in veut,
Si bien qu'au bout d'eune heurette
  Gross'-Rougette,
  Gross'-Rougette,
 S'a trouvé pompette.

Quand l'heure a v'nu de s' coucher,
V'là qu'ell' povot pus marcher,
Pour mi r'conduir' sus l' Plachette,
  Gross'-Rougette,
  Gross'-Rougette, *Bis.*
 J'ai pri' eun' brouette.

NAIVETÉ D'UNE CABARETIÈRE.

PASQUILLETTE.

J'vas vous raconter sans façon,
D'eun' cabaretière, eun' sott' raison.
. . . .
Des bourgeos, tireux d'arbalête,
Un jour, à l'occasion d' leu fiête,
Volant faire insanne un bon r'pas,
Vont l' trouver, pour conv'nir des plats
Qu'ell' dot fournir. On règle l' carte :
Gigot, tiêt' de viau, cott'lett's, tarte.
Et puis, pour couronner l' festin,
On d'mande aussi d'avoir du vin
Qu'on peut boir' sans faire eun' grimace.
Cheull' femm' répond d'un air bonnasse :

« Ma foi, cha s' présinte on n' peut mieux.
V'là huit jours, je n' n'avos qu' du vieux ;
Si vieux, qu' je n' savos pus qu'in faire.
Mais j'ai fini par m'in défaire
Au r'pas d' noc' d'eun' fill' du Réduit.
I faut bien savoir, comme on dit,
Fair' sin métier. — Au prix de l' bière,
J'ai tout vindu jusqu'à l' dernière
Boutelle. — Ils l'ont trouvé à point.
Chin qu' ch'est quand on n' s'y connot point !
Mais, soyez sûrs, ajout' cheull' femme,
Qu'avec vous j' n'agirai point d' même,
Car je n' n'ai pus qu' du tout nouviau
Tiré d'avant-hier du tonniau.
Quand vous n' n'arez bu tros boutelles,
Vous viendrez m'in dir' des nouvelles. »

. . . .

A cheull' raison, ch'étot bien l' cas,
On a décommandé le r'pas.

LES RÊVES.

Air : Halte-là ! la Garde royale est là.

Dins ch' monde on n'a qu'eune einvie,
Ch'est d' continter ses désirs,
Mais combien pass'te leu vie
A n' pousser qu' des gros soupirs.
A chaq' minute, on indêve
De n' rincontrer que l' tourmint.
In dormant, pour peu qu'on rêve,
On a souvint d' l'agrémint.
  Pour jouir (*bis*)
 On vodrot toudis dormir.

Veyez, là, cheull' viell' coquette,
Qui perd tous ses favoris,
Fait-à-fait qu'i vient sus s' tiête,
Eun' pair' de vilains ch'veux gris.
In dormant, tout au contraire,
Ell' rêve qu' malgré ch' détour,
Bien lon de n' povoir pus plaire,
Ell' les f'ra morir d'amour.
  Pour vieillir (*bis*)
 Ell' vodrot toudis dormir.

L'amour est d'jà v'nu dins l'tiête
D'un marmouzet du Réduit,
Mais par malheur, chaq' fillette
Jusqu'à ch't heure l' trouv' trop p'tit.
Il intind ses bavardaches,
Et frémit ! mais v'la qu'i dort,
I rêv' qu'il a des moustaches
Et l' tail' d'un tambour-major.
  Pour grandir (*bis*).
 I vodrot toudis dormir.

Ros', malgré huit ans d' mariache
Avec un p'tit mamulot,
Est aussi plat' qu'eun' punache,
Et cha n' cang'ra point d' sitôt.
Ell' rêve ! et v'là qu'elle ingraisse,
Au point qu'un chacun li dit
Qu'elle a l'air d'eun' mère-abbesse....
Ell' saute d' joi' dins sin lit.
  Pour grossir (*bis*)
 Ell' vodrot toudis dormir.

César, avecque s' gross' panche,
N' pora bétôt pus r'muer,
I reste déjà l' dimanche,
A s' mason pour se r'poser.
A pein' couché d'eune heurette,

Ch' malheureux panchu rêv'ra
Qu'i va gangner, l' jour de l' fiête,
Eun' biell' bourse à l' Course-au-sa.
  Pour maigrir (*bis*)
 I vodrot toudis dormir.

Un pauv' garchon sans famille
Dit souvint : « Quand j' tourn'rai d' l'œul
I n'y-ara ni femm', ni fille,
Ni frèr', qui port'ra min deul. »
In rêve, i vot vingt carroches
Rimpli's d' gins, v'nir à s' mason,
Pour aller porter ses oches,
Tout jusqu'à l' mason Coulon
  Pour morir (*bis*)
 I vodrot toudis dormir.

Quoique avant tout j'aime à rire,
De l' vérité j' sus l'ami.
J' n'ai donc point besoin d' vous dire
Qu' cha m'a fait pus d'un enn'mi.
In rêvant, d'un imbécile
J' flatte l' tournure et l'esprit,
Aussi, comm' je l' trouv' docile
A vanter tout chin qu' j'ai dit !
  Pour mintir (*bis*)
 I m' faudrot toudis dormir.

GROSSE-ROUCETTE.

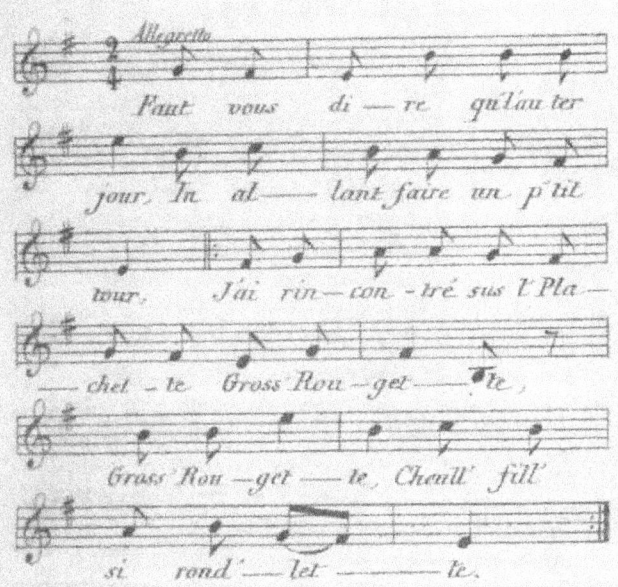

LES RÊVES.

BATISS L' LUSOT.

BATISSE L' LUSOT.

Air: Quand les bœufs vont deux à deux;
ou
Volez-vous savoir du nouviau ? (1er vol., page 106)

Six s'maine' après sin mariache,
J'ai rincontré su' l' rivache,
Mad'lon, cheull' gross' ru-tout-ju.
Sans façon j' li d'mand' si s'n homme
S' conduit bien. Sitôt, v'là comme
Cheull' farceuss' m'a répondu :
« I n'est ni méchant, ni soûlot,
  Ni paresseux, ni sot;
Mais, pour tout dir' d'un seul mot,
I n'y-a point d' parel lusot. »

« Qu'il euche un pied dins s' boutique,
S'il intind ronfler l' musique
Et l' tambour d'un régimint,
I l' suivra jusqu'à l' caserne,
Et, comme un infant d' giberne,
I marquera l' pas brav'mint. »

« I n'est ni méchant, ni soûlot,
  Ni paresseux, ni sot ;
Mais pour tout dir' d'un seul mot,
I n'y-a point d' parel lusot. »

« Ch'est curieux d' vir comme i vette
Tout, d'puis l' dernièr' bayonnette,
Jusqu'à les épaulett's d'or.
N'ayant qu' ses yeux pour mesure,
I porot dir' j'in sus sûre,
L' grandeur du tambour-major. »

« I n'est ni méchant, ni soûlot,
  Ni paresseux, ni sot;
Mais pour tout dir' d'un seul mot,
I n'y-a point d' parel lusot. »

« Au soir, s'il intind la r'traite,
I n'y-a pus rien qui l' l'arrête.
Au mitan d' quarant' garchons,
Qui faitt'nt, au bruit d' leus cliquettes,
Danser les vit's des ferniètes,
I chiffle l'air des clairons. »

« I n'est ni méchant, ni soûlot,
  Ni paresseux, ni sot;
Mais pour tout dir' d'un seul mot,
I n'y-a point d' parel lusot. »

« L'aut' jour, un homm' du villache
Li fait présint d'eun' vieil' cache,
Avec un ojeau tout p'tit
Est-ch' qui n' s'a point mis dins l' tiète,
D' fair' chifller par cheull' pauv' biète :
« Much'-te bien j' cache après ti ! »

« I n'est ni méchant, ni soûlot,
    Ni paresseux, ni sot ;
Mais pour tout dir' d'un seul mot,
I n'y-a point d' parel lusot. »

« Qu'il a des drol's de coutumes !
Il aim' mieux lir' tros volumes
Que d' faire l' pus grand régal.
Cha n' s'rot rien incor que d' lire,
Est-ch' qui n' s'aviss' point d'écrire,
Pour vir sin nom dins l' journal. »

« I n'est ni méchant, ni soûlot,
    Ni paresseux, ni sot ;
Mais pour tout dir' d'un seul mot,
I n'y-a point d' parel lusot. »

« Point pus tard qu'à l' dernièr' fiête,
Nous avîm's fait no toilette.
Au moumint d' partir au bal,
On li raconte eune affaire....

V'là-t-i point qu'il essai' d' faire
Eun' canchon pou l' Carneval ! »

« I n'est ni méchant, ni soûlot,
　　Ni paresseux, ni sot;
Mais pour tout dir' d'un seul mot,
I n'y-a point d' parel lusot.»

« Mais, n' cros point qu' je l' déméprisse,
Car, au fond, min p'tit Batisse
Est vramint fort bon garchon.
Après cha, te peux bien m' croire,
Si j' te dis qu' sur eun' queu' d' poire
I s'amuss' tros heur's de long. »

« I n'est ni méchant, ni soûlot,
　　Ni paresseux, ni sot ;
Mais pour tout dir' d'un seul mot,
I n'y-a point d' parel lusot.

LA COMÈTE DE 1857.

Air de Jeannet-Maillotte, (même vol. page 123).

In vettiant dins s' lorgnette,
Un All'mand bien malin,
A prédit qu'eun' comète
Arriv'ra l' treiss' de juin.
Et cha n' s'ra point pour rire :
Du cop d' queu' qu'eil' donn'ra,
(I n'a point craint de l' dire),
L' monde intier trépass'ra.

In attindant ch'l affaire,
Au lieu d' nous mette à braire,
    Buvons, maingeons,
    Dansons, rions,
    Et dijons des canchons.

Un savant qu'on appelle
Du biau nom d' Babinet,
Parle aussi d' cheull' mervelle,
Et trait' l'All'mand d' bénèt.
« Su' l' monde, i dit, cheull' giffe
N'ara point pus d'action,

Qu' sur eun' locomotife,
Les fureurs d'un mouq'ron (*).

In attindant ch'l affaire,
Au lieu d' nous mette à braire,
  Buvons, maingeons,
  Dansons, rions,
Et dijons des canchons.

Malgré les biell's paroles,
Du savant Babinet,
Ah! qu'on in vot des droles!
L'un rit, l'aut' cant', l'aut' brait.
Un homme a vu s' maitresse,
Tell'mint qu'elle avot peur,
L'aut' jour quaire in faiblesse
Dins les bras d'un sapeur.

In attindant ch'l affaire,
Au lieu d' nous mette à braire,
  Buvons, maingeons,
  Dansons, rions,
Et dijons des canchons.

Tous les gins de l' Piachette,
Des Elit's, du Réduit,
A parler de l' comète
Pass'tent tout l' jour, tout l' nuit.

(*) Moucheron.

Quand leu gosier s'altère,
(Ch'est un moyen connu)
Il' ont r'cour' à l' caf'tière,
Qui n' quitt' presque point l' fu.

In attindant ch'l affaire,
Au lieu d' nous mette à braire,
  Buvons, maingeons,
  Dansons, rions,
Et dijons des canchons.

Des femm's, des fill's, des hommes,
Qui reste' à l' ru' du Plat,
Ont dit : « Puisque nous sommes
Tertous d's ojeaux pou l' cat,
Faijons bombance et fiête
Comm' des gins fortunés, »
Et quand viendra l' comète,
Nous riron' à sin nez.

In attindant ch'l affaire,
Au lieu d' nous mette à braire,
  Buvons, maingeons,
  Dansons, rions,
Et dijons des canchons.

« Si queq'fos l' cabar'tière
N'intind point d' fair' crédit,

Dijons-li : « T'nez, p'tit' mère,
« Payez-vous, v'là m'n habit. »
Qu'un chacun d' nous répête
In donnant s'n habill'mint :
« I n' faut point fair' toilette
« Au jour de s'n intierr'mint. »

In attindant ch'l affaire,
Au lieu d' nous mette à braire,
  Buvons, maingeons,
   Dansons rions,
Et dijons des canchons.

Nous n' somm's point des prophètes,
Et pourtant nous dirons,
A l'égard des comètes,
L'opinion qu' nous avons :
Cheull'-là d' mil-huit-chint-onse
A fait du vin fort bon,
Et cheull' qu'on nous annonce,
F'ra mousser l' jus d'houblon.

In attindant ch'l affaire,
Au lieu d' nous mette à braire,
  Buvons, maingeons,
   Dansons, rions,
Et dijons des canchons.

     — 24 février 1857 —

BATISSE L' LUSOT

LA COMÈTE DE 1857.

PH'LIPPE ET PH'LIPPINE

PH'LIPPE ET PH'LIPPINE. (*).

Air nouveau de l'auteur.

A ch't heur', quand on n' maing'rot qu' des tripes,
A la fin des r'pas d' fiéte, on sert
Des plats d'amand's pour fair' des *Ph'lippes*,
Pindant tout l' temps qu' dure l' dessert.
Ah ! rien que d' pinser, Césarine,
Au plaisi qu'on a quand on s' dit :

(*) Voici la charmante définition de ce mot donnée par M. Pierre Legrand dans son *Dictionnaire du Patois de Lille* « PHILIPPINE. Double amande ; ce mot n'est pas précisément patois, c'est la corruption d'une délicieuse phrase allemande. Dans nos campagnes, quand un convive, au dessert, trouve deux amandes dans la même écaille, il en offre une à sa voisine : le premier des deux qui, après minuit sonné, crie à l'autre : *Philippine !* en reçoit un cadeau. Cet usage, qui n'est qu'une réminiscence du système de Platon sur la dualité des âmes, a pris naissance dans la sentimentale Allemagne, il a été introduit en France par les alliés durant l'occupation. La phrase de rigueur que prononce le fiancé, d'ordinaire le plus vigilant, est celle-ci : *Guten tag Vielliebchen*, bonjour bien-aimée ; c'est de *Vielliebchen* que nos campagnards, ont fait sans scrupule et sans remords : *Philippine !* »

Cet article ayant fourni le sujet de *Ph'lippe et Ph'lippine*, M. Legrand nous pardonnera sans doute de l'avoir reproduit. Nous recommandons d'ailleurs son ouvrage à nos lecteurs ; il est le complément nécessaire des *Chansons et Pasquilles lilloises*.

Eh ! bonjour Ph'lippe ! bonjour Ph'lippine !
Déjà j' sins min p'tit cœur qui rit....

   Ah ! Césarine,
   Ph'lippe et Ph'lippine, ⎫
   Ch'est l' pus biau ju   ⎬ Bis.
   Qu'on n'a jamais vu.   ⎭

Faut dire aussi qu' j'ai gramint d' chance,
Sur vingt *Ph'lipp's* je n'n ai qu' deux d' perdus ;
J' porai bétôt remplir eun' banse (*)
Avec tous les présints qu' j'ai r'chus.
Pour mi, m' perte n'est jamais grande,
Point si sotte d' m'intéresser,
A min gangneux, douch'mint, j' demande
S'i veut s' continter d' m'imbrasser.

   Ah ! Césarine,
   Ph'lippe et Ph'lippine, ⎫
   Ch'est l' pus biau ju   ⎬ Bis.
   Qu'on n'a jamais vu.   ⎭

A propos d' cha, m' marrain', si bonne,
M'a dit ches vieux dictons souvint :
Quand eun' fill' donne, ell' s'abandonne,
Quand eun' fill' prind, ch'est qu'ell' se rind.
Bah ! que j' dis, ches dictons, marraine,

(*) Panier d'osier.

Au gros bon sins donn'nt un cop d' pied.
On s' fait des présints par douzaine
Pour intertenir l'amitié.

> Ah ! Césarine,
> *Ph'lippe et Ph'lippine*,
> Ch'est l' pus biau ju
> Qu'on n'a jamais vu.   } *Bis.*

Ayant trouvé eun' double amande
Au r'pas d' noc' de m' biell'-sœur Mimi,
A min voisin Franços, j' demande
S'i veut faire un *Ph'lippe* avec mi.
J' veux bien, qu'i dit, ch'est un ju qu' j'aime,
A condition qu' si vous perdez
Avant tros mos vous d'viendrez m' femme !....
— Cha va ! que j' dis, et vous gangn'rez ! —

> Ah ! Césarine,
> *Ph'lippe et Ph'lippine*
> Ch'est l' pus biau ju
> Qu'on n'a jamais vu.   } *Bis.*

Eune honnêt' fill' n'a qu'eun' parole,
Il a gangné, et dins deux mos,
Au lieu d'êt' tout bonn'mint Nicole,
On m'appell'ra l' femme à Franços.

Tous les jour' au soir i vient m' dire :
« D'avoir gangné que j' sus joyeux ! »
Mi, sans pouvoir m'impêcher d' rire,
J' li dis : « Nous l' somm's bien tous les deux ! »

    Ah ! Césarine,
    Ph'lippe et Ph'lippine,
    Ch'est l' pus biau ju   } *Bis.*
    Qu'on n'a jamais vu.

Quand on volot faire un mariache,
Dins l' temps, v'là comme on s'y pernot :
On arringeo' un parainnache,
Et souvint cha réussichot.
A ch't heur' ch'est incor pus facile,
Avec un *Ph'lipp'* d'eun' pair' de sous,
Pus d'un garchon, par eun' jeun' fille
Est pris dins l'attrape-à-balous !

    Ah ! Césarine,
    Ph'lippe et Ph'lippine,
    Ch'est l' pus biau ju   } *Bis.*
    Qu'on n'a jamais vu.

LA BOUTIQUE A SIX SOUS.

Air nouveau de l'auteur

Avec l'argint d'eune héritance
Qu'à s' mort, m'a laiché' min parrain,
De v'nir riche ayant l'espérance,
J' viens d' m'établir marchand foirain.
J'ai débuté par Valenciennes,
Et là, j' peux l' dir', j'ai fait des miennes,
Car dins cheull' ville on n' fait qu' parler
De ch'l homm' qui sait si bien crier :

    Accourez tertous !
V'là l' boutique à six sous ! ! } *Bis.*

Faut dire, aussi, qu' j'ai bonn' manière ;
Un gosier solid' comm' du fier ;
Que d' puis l' premièr' pièch' qu'à l' dernière,
J' déblouqu' tout cha comm' min pater.
Mais vous n' croirez point sur parole,
Que ju' si bien qu' je l' dis, min rôle.
Eun' minute, acoutez mes gins,
Vous allez vir comme j' m'y prinds :

  Accourez tertous !
 V'là l' boutique à six sous ! ! } *Bis.*

Bonn's mèr's, vous trouv' rez dins m' boutique,
Pour amuser vos marmousets,
Tout's sortes d'instrumints d' musique :
Des clachoire' (*) avec des chifflets,
Des terlututus (**), des trompettes,
Des flût's, des tambours, des cliquettes,
Des clarinette' et des crins-crins,
Qui f' ront sauver tous vos voisins.

  Accourez tertous !
 V'là l' boutique à six sous. } *Bis*

J'ai dès biaux p'tits porichinelles
R' muant les pieds, les gamb's, les bras,
Mais sitôt qu'on lach' les fichelles,

(*) Fouets.
(**) Mirlitons.

I restent là comm' des colas.
N'allez point dire : Ah ! queu damache !
Ch'est l' portrait d' pus d'un personnache
Qui n'agit qu' suivant l' volonté
D'un aut' qui reste su' l' côté...

  Accourez tertous !
 V'là l' boutique à six sous.   } *Bis.*

Pour divertir les p'tit's fillettes,
J'ai des jus d' patieince et d' lotos,
J'ai des volants, j'ai des raquettes,
J'ai des jus d' grâce et d' dominos.
J'ai surtou' eun' coss' sans parelle :
Ch'est des catous (*), nouviau modèle,
In pochant leu panch' tout douch'mint
On les intind crier : *Ohein ! !*

  Accourez tertous !
 V'là l' boutique à six sous.   } *Bis.*

Mais j' m'aperços qu' vous allez m' dire
Que j' n'ai qu' des jus pour les infants,
Ch'est à tort, car pour vous fair' rire,
In attrappant mêm' des géants,

(*) Poupées dites *bébés*, qui, au moyen d'un ressort, donnent le cri des enfants nouveau-nés : *Ohein.*

J'ai des espèces d' bonhonnières.
Aussitôt qu'on touch' les charnières,
On vot sortir avec fracas,
Des diables graingnant comm' des cats.

  Accourez tertous !
 V'là l' boutique à six sous. } *Bis.*

Jeune' homme', à l' fiète d' Saint'-Cath'rine,
Si vous d'vez faire un p'tit présint,
J' vous vindrai de l' batt'ri' d' cuisine
Qui vous coût'ra fort peu d'argint.
J'ai des tijons, des épinchettes,
Des soufflets des porte-alleumettes,
Et pour mieux vous dire, infin, tout,
D' puis l' fourniau jusqu'au marabout.

  Accourez tertous !
 V'là l' boutique à six sous !! } *Bis.*

PH'LIPPE et PH'LIPPINE.

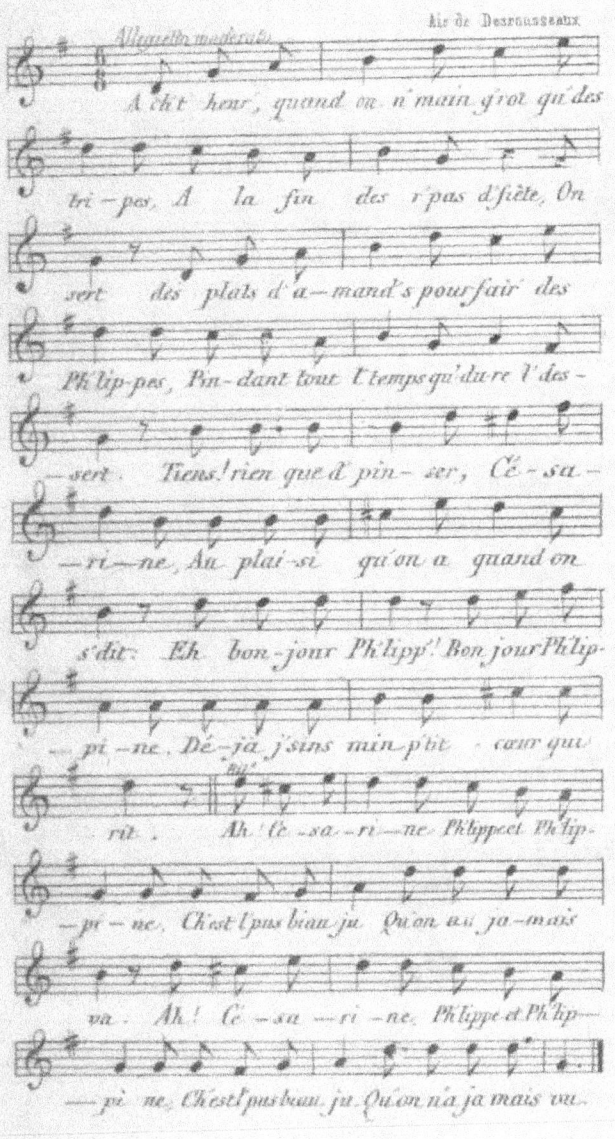

L'BOUTIQUE A SIX SOUS

LES CRICS-MOULS

LES CRICK-MOULS.

Air d'une ronde allemande. (Vrai momunien, j'éparpille ma vie)

In attindant qu'on nous apporte à boire,
J'vas vous parler d' tous ches fameux Crick-mouls.
Quand vous sarez tout au long leu-z-histoire,
Vous conviendrez que ch' n'est point des nicdouls.
   Vous direz, m's amis :
    « Les gins d' Paris
    N' vodront point croire   bis.
    Qu'on trouv' dins ch' pays
  Si *frod*, des gins si dégourdis. »

Quand un garchon veut dev'nir sociétaire,
Sus l' tapiss'rie on placarde sin nom,
Et quand on l' sait d'un vilain caractère,
On fait voiter, et tout l' monde écrit : *Non*.

Mais si ch' nouviau v'nu,
Est ru-tout-ju,
Aimant bien l' bière,   } bis.
L'amour et l' plaisi,
Alors on n'a pus qu' des *Awi*.

Huit jour' après l' biell' fiête d' Saint'-Cicile,
Cheuss' qui s' sont fait l' mieux r'marquer au banquet,
D'vant l' président, vienn' tertou' à la file,
R'chevoir des prix, médall', couronn', chifflet,
Flût', terlututu....
Pou l' prix d' vertu,
Ch'est eun' béquille....   } bis.
L' nommé *Cupidon*
Est chargé de l' distribution.

V'là leu principe : *Ah ! va comme j' te pousse !*
Aussi, jamais dins cheull' biell' société,
On n' vot des gins pour un rien faire eun' mousse ;
Un homm' qui s' fache à propos d'un nom-j'té.
App'lez les *Quinquin*,
Anchois, Ritin,
Pinc'-Nerf, Couyousse !   } bis.
Vous n' les verrez point
Tout in colèr' vous moutrer l' poing.

Chaq' fos qu'on monte un grand combat d' musique,
Les v'là partis brav'mint canter des chœurs.
Et, chacun l'sait, lon de r'chevoir leu trique,
Douz' fos sur treisse i sont r'venus vainqueurs.
      A la vérité
        L' chance a tourné,
          Car, in Belgique,   } bis
      Sans faire un p'tit *couac*,
Il' ont pourtant r'chu l' cop d' Jarnac.

Quand il' ont su cheull' fort vilaine affaire,
Au lieu d'avoir un air triste et grongnon,
Sur un coin d' table, un d'euss' s'a mi' à faire
Pus d' vingt couplets, sur l'air : *Tontaine' ton ton*.
    « Il' ont perdu l' ton, »
      Dit cheull' canchon,
      L'affaire est claire.   } bis.
   Mi, j' dis que ch' faijeux
D' canchons, m'a tout l'air d'un minteux.

Quoique on a fait là-d'sus du bavardache,
Et des cancans, pindant tros fos huit jours,
N'allez point croir' qu'il' ont perdu corache,
Qu'i n'os'ront pus s' moutrer dins les concours.

Car, un jour viendra,
Qu'on les verra
S' mette à l'ouvrache,
Partir et prouver
Qu'i n'ont r'culé qu' pour mieux sauter.
} bis.

Pour conserver d' tous ches lurons, l' souv'nance,
Louis Delmer (*) les a portraiturés.
On n'a jamais vu parelle r'semblance,
On vot jusqu'à les poquett's (**) des mabrés.
I sont quarant'-deux.
Leu-z-air joyeux,
Comm' leu prestance,
Prouv'ront, ch'est certain,
Qu'i n'ont jamais connu l' chagrin.
} bis.

(*) M. Louis Delemer, membre de la société des Crick-Mouils est un des nombreux artistes qui, par leurs talents, honorent notre ville. En 1842, il a obtenu, à Rome, le 1ᵉʳ prix de gravure.

(**) Marques de la petite verole.

L'HIVER.

Air des gueux. (Béranger)

    L'hiver, l'hiver,
On dit qu' ch'est l'infer,
Et mi, j' dis toudis :
    Ch'est l' paradis.

On s'a servi d' tous les notes
Pour canter l' printemps si vert.
Mi, pou n' point fair' comm' les autes,
J' m'in vas vous canter l'hiver.

    L'hiver, l'hiver,
On dit qu' ch'est l'infer,
Et mi, j' dis toudis :
    Ch'est l' paradis.

Si vous avez bonn' mémoire,
Vous s' rappell'rez tout comm' mi,
Du temps, qu'à l' dégrioloire,
Nous avons pris tant d' plaisi.

  L'hiver, l'hiver,
 On dit qu' ch'est l'infer,
 Et mi, j' dis toudis :
  Ch'est l' paradis.

Qui d' nous n'a point fait d' queuettes (*),
Pour user ses gros chabots,
A donner des candelliettes (**)
In glichant su' les richos ?

  L'hiver, l'hiver,
 On dit qu' ch'est l'infer,
 Et mi, j' dis toudis :
  Ch'est l' paradis.

A certains jours de ch'l époque,
Ch'est biau d' vir autour du fu
Toute eun' famill' qui s' suffoque,
A mainger du pain-perdu.

(*) L'école buissonnière
(**) Pousser l'individu qui nous devance en glissant sur la glace

L'hiver, l'hiver,
 On dit qu' ch'est l'infer,
 Et mi, j' dis toudis :
  Ch'est l' paradis.

Au mos d' novembre et décembre,
Quand i gèle à find' les grés,
Au lieu d' guerziller dins s' cambre,
On court dins les cabarets.

 L'hiver, l'hiver,
 On dit qu' ch'est l'infer,
 Et mi, j' dis toudis :
  Ch'est l' paradis.

Ch'est d' l'économi' tout' claire,
Vous in conviendrez tertous :
On us'rot six sous d' leumière,
On bot s' canett' pour chinq sous !

 L'hiver, l'hiver,
 On dit qu' ch'est l'infer,
 Et mi, j' dis toudis :
  Ch'est l' paradis.

Et là, n'intindant pus l' plainte
D'eun' femm' d'un morveux d'infant.

L'homm' marié, tout vidiant s' pinte,
Peut s' fair' deux pintes d' bon sang.

  L'hiver, l'hiver,
 On dit qu' ch'est l'infer,
  Et mi, j' dis toudis :
   Ch'est l' paradis.

Il intind des faribolles
Plein's d'esprit, quoique in platiau. (*)
Par un tas d' lurons si drôles
Qui f'rott'nt rir' même un caillau.

  L'hiver, l'hiver,
 On dit qu' ch'est l'infer,
  Et mi, j' dis toudis :
   Ch'est l' paradis.

Infin, rintrant tout bénache
Pou s' coucher, su' les minuit,
I n' trouv' ni puch', ni punache,
Comm' dins l'été, dins sin lit.

  L'hiver, l'hiver,
 On dit qu' ch'est l'infer,
  Et mi, j' dis toudis :
   Ch'est l' paradis.

(*) Patois.

LES CRICK-MOULS.

L' HIVER.

LE PETIT SERGENT SANS MOUSTACHES.

LE
PETIT SERGENT SANS MOUSTACHES (*)

Air nouveau de l'auteur.

Ch'est bien heureux d' savoir lire,
Car tous les jour' on apprind
Des histoire' à brair' de rire,
A vous rinde l'cœur contint.
On a parlé d' Jeann'-Maillotte
Comm' d'eun' guerrièr' d'un grand r'nom,
J' peux vous in citer eunne aute,
V'nue au monde à Deûlémont.

Comm' mi, vous pins'rez, m's amis,
Qu' les femm's d'ichi n' sont point lâches,
Et l' biau *Sergent sans moustaches*
Vous l' prouv'ra mieux qu' je n' vous l' dis.
} *bis*

(*) On lit dans l'*Histoire populaire de Lille*, par M. Bruneel :
« En 1808, dans la campagne de Portugal, un colonel blessé
allait tomber au pouvoir de l'ennemi, lorsqu'un jeune sergent
de voltigeurs du 27ᵉ de ligne, petit de taille et complétement im-
berbe, s'élance à son secours ; deux officiers anglais se jettent au-
devant du prisonnier ; le sergent blesse l'un d'un coup de fusil et
force l'autre à se rendre ; ceci fait, il charge le colonel sur un
cheval et rejoint son corps avec ce précieux dépôt escorté des deux

Ch'étot dins l'moumint d' la guerre,
Par un jour, un pauv' garchon
Qui sout'not sin père et s'mère,
Est pris pa' l' réquisition,
Mais s' sœur Virgini' Ghéquière,
Pour coper cour' à ch' tourmint,
Met les habill'mints d' sin frère
Et l' rimplache au régimint
Comm' mi, etc.

Inrolé' d' dins l' vingt-septième,
Elle a dev'nu voltigeur,
Caporal, sergent, et même
Elle a gangné l'crox-d'honneur.

officiers captifs. Les camarades du sergent étaient en train de le féliciter, lorsque celui-ci, blessé lui-même dans la lutte, tombe sans connaissance dans leurs rangs. Un chirurgien accourt, et pour visiter la plaie, il détache l'uniforme du vainqueur ; mais tout à coup le docteur, stupéfait, s'arrête dans son investigation, se découvre avec une déférence instinctive et commande aux soldats qui l'entourent de s'éloigner... Le petit sergent était une femme !... A cette découverte, les deux officiers anglais pleuraient de rage, le camarade de lit du blessé, un vieux grognard qui depuis longtemps ne s'étonnait plus de rien, demeure confus, anéanti de sa longue ignorance. Enfin, après informations prises, on apprend que Virginie Ghesquière, de Deûlémont, près de Lille, était partie pour remplacer son frère, seul soutien de sa famille, qu'elle avait servi six ans sous le nom de ce frère, était devenue successivement caporal, fourrier, sergent, et qu'enfin elle avait mérité et obtenu la croix de la Légion-d'honneur, qui brillait en ce moment même sur son habit tout couvert de sang et de poussière... La race des Jeanne d'Arc ne s'éteint jamais en Flandre.

Et ch'n'est point pou' rien, j' vous l' jure,
Par sin corach' sans parel,
Elle a sauvé d'eun' mort dure
Sin brave homme d' colannel.

Comm' mi, etc.

Acoutez, vous sarez comme
Ell' s'a tiré de ch' pas-là :
Eun' méchant' balle atteint ch'l homme ;
I culbute in bas d' sin q'va ;
Et pus d'un enn'mi s'apprête
A l' faire morir tout-à-fait,
Mais l' petit sergent qui guette,
Leu' cri : « Vous arez l'nez fait ! »

Comm' mi, etc.

A deux tros d' ses comarades
I dit : « V'nez vite avec mi,
Malgré l' plomb des fusillades,
L' tirer des griffes d' l'enn'mi. »
I court ! comme un lion batille
Avec eun' douzain' d'Ainglais,
In tu' tros, et donne eun' pil'e
A l's aut's, qu'i fait prijonniers.

Comm' mi, etc.

Il arrive avé s' capture
A l'aimbulanc'; par malheur,
Il avot r'chu eun' blessure
A l' distanc' d'un dogt du cœur.
Ch'est alors qu'on l' déshabille,
Et qu' sin comarad' de lit,
In veyant qu' ch' éto' eun' fille,
A béé comme un conscrit.

Comm' mi, etc.

L' colannel, aimant l' corache,
Et contînt d' s' vir sauvé
Vite a d'mandé in mariache
L' sergent qui n' l' a point refusé.
Vous m' direz qu' l'*Histoir' de Lille*
N' parle point de ch' mariach'-là.
Je l' sais; mais conv'nez qu' cheull' fille
Avot bien mérité cha.

Comm' mi, vous pins'rez, m s amis, ⎫
Qu' les femm's d'ichi n' sont point lâches, ⎪
Et l' biau *Sergent sans moustaches*   ⎬ bis
Vous l' l'a prouvé mieux qu' je l' dis.   ⎭

L' RU-TOUT-JU.

Air du Spectacle gratis. (1er volume, page 17).

Dins tous ches romans
Qu'on débite à deux tros sous l' pièche,
On n' vot qu' des arlands, (*)
Tristes, viv' d'amour et d'iau fraîche.
Mi, j' viens vous parler
D'un particulier
Qui, n' pinsant jour et nuit qu'à rire,
Perd un œul chaq' fos qu'i soupire.

On n'a jamais vu
Un tel ru-tout-ju. } Bis.

L'ach' de l' communion
Etant v'nu, pour qu'on l' l'examine,
I s'in va, franc bon,
Au curé dir' sin catichime.
Pour passer, (**) ch' cadet
Etot trop baudet.

(*) Maladroits.
(**) Etre admis à faire sa première communion

S' mèr', là-d'sus, li donne eun' calotte
« Bah ! qu'i dit, je l' f'rai à l' Peinn'côte ! »

> On n'a jamais vu } Bis.
> Un tel ru-tout-ju. }

Un dimanche, i s' dit :
« Puisque j'ai des gros sous plein m' poche
Allons su' l' Réduit
M' divertir à juer à l' galoche. »
I perd tout s'n argint,
Mais s' consol' viv'mint,
In s' dijant : « Puisque l'gaîté m' reste,
Ch'est rien d' cha, va, j' n'in s'rai qu' pus leste ! »

> On n'a jamais vu } Bis.
> Un tel ru-tout-ju. }

I faijot l'amour
A m' commèr' qu'on appell' Christine.
V'là qu' par un biau jour
Ell' le plant' là comme eun' méd'cine
Vous allez pinser
Qu'i va s'attrister ?
Point du tout ; riant d' cheull' grivoisse,
Du mêm' jour i *parle* (*) à Françoisse !

(*) *Parler*, dans ce sens, signifie, *faire la cour*.

On n'a jamais vu
Un tel ru-tout-ju. } *Bis.*

Quand a v'nu sin tour
D'aller tirer l'sort à l' Commune,
I s'a l'vé d'vant l' jour,
Comm' pour aller faire eun' fortune;
Au vu d'un chacun,
Prind l' liméro un ! !
« Bon ! qu'i dit, d'un air tout bénache,
J'arai du bonheur in ménache ! »

On n'a jamais vu
Un tel ru-tout-ju. } *Bis.*

Le v'là donc soldat,
Et sitôt qu'il est in Crimée,
Par un cop d'éclat,
On n' parl' pus que d' li dins l'armée.
Pou ch'l action, malgré
Qu'on a décoré
S'n officier, li, portant les armes,
D'vant cheull' crox n' faijot qu' rire à larmes..

On n'a jamais vu
Un tel ru-tout-ju. } *Bis.*

Aussitôt r'venu,
I rincontre eun' fillett' de s'n ache.
Bétôt, ch'est conv'nu,
Avec elle il intre in ménache.
Tros quat' mos pus tard,
Il étot... — Ch' gaillard
Trouv' tout d'suite eun' raison commode :
« Ch'est point mi qui fait v'nir la mode ! »

On n'a jamais vu } *Bis*
Un tel ru-tout-ju. }

Un avaricieux
Par un jour, li dit : « Mais Pamp'lune,
Quand te d'viendras vieux
Quoi-ch' te f'ras si t'as point d' fortune ? »
I répond comm' cha :
« L' *Grand'-Mason* (*) est là !
J'y courrai sans fair' des molettes (**),
Car ell' n'est point fait' pour les biètes. »

On n'a jamais vu } *Bis.*
Un tel ru-tout-ju. }

(*) L'un des noms populaires de l'Hospice-Général
(**) Faire des façons.

LE P'TIT SERGENT SANS MOUSTACHES.

192.
L' RU-TOUT-JU.

Dins tous ches ro—mans Qu'on dé—bite à deux tras sous l'pié—che, on n'voit qu'des ar—lands tris—tes, Viv d'a—mour et d'iau frai—che, mi j'viens vous par—ler d'un par—ti—cu—lier Qui n'pin—sant jour et nuit qu'à ri—re, perd un œul chaq fos qu'i sou—pi—re. On n'a ja—mais vu Un tel Ru—tout—ju.

L' RÊVE DE FRANÇOS.

L' RÊVE D' FRANÇOS.

Air : Il était un roi d'Yvetot (Béranger).

J' peux dir', sans craint' d'èt' déminti,
   Que d'puis que l' monde existe,
Un homm' n'a jamais fait comm' mi
   Un rêv' si drôl', si triste.
J' vas tout au long raconter cha,
Et p'tit comm' grand qui m'intindra
       Dira :

Oh ! oh ! oh ! oh ! ah ! ah ! ah ! ah !
Queu drôl' de rêv' qu'il a fait là !
       La la.

J'ai rêvé qu' j'étos v'nu panchu
   Comme eun' rondell' de bière,

Et qu'eune accoucheuss' m'aïant vu,
　　M'a dit : « L'affaire est claire.
Faut point vous désoler, François,
　　Vous s' guérirez, mais dins tros fos
　　　　Tros mos. »

Oh! oh! oh! oh! ah! ah! ah! ah!
Queu drôl' de rêv' que j'ai fait là!
　　　　La la.

Chin qui veut dire in bon français,
　　Infin, qu' j'étos v'nu *grosse!*
Et, comme in rêvant vous l' savez,
　　On n' s'étonn' point d' peu d' cosse,
J' pernos cha pou' d' l'argint comptant,
Et j' vettios m' panche in attindant
　　　　M'n infant.

Oh! oh! oh! oh! ah! ah! ah! ah!
Queu drôl' de rêv' que j'ai fait là!
　　　　La la.

Les femm's dins cheuli' biell' position
　　Ont des *désirs* par mille.
Pour mi, si j'avos du gambon,
　　I m' faulo' eune anwille.

Bon et méchant, cha n' faijot rien,
J' maingeos du cat, du canarien,
  Du quien.
Oh! oh! oh! oh! ah! ah! ah! ah!
Queu drôl' de rêv' que j'ai fait là!
  La la.

Quand j'avos l' malheur de sortir
 Pour aller à m'n ouvrache,
Les homm's, les femm's, les fill's, pou' m'vir,
 Etott'nt su' min passache.
Et l' prémier, comme l' dernier v'nu,
Criot sur mi tant qu'i m'euch' vu :
  Ha! hu!!
Oh! oh! oh! oh! ah! ah! ah! ah!
Queu drôl' de rêv' que j'ai fait là!
  La la.

Tout coi (*), j'ai resté dins m' mason,
 Pinsant d'êt' pus tranquille,
Mais bah! ch'étot pir' qu'un guignon,
 J'ai vu tous les gins d' Lille.

(*) *Continuellement*, et non pas, comme en pourrait le croire, *tranquillement, avec calme.*

Chacun m' faijot s' salamalec,
Et m' dijot sin p'tit quolibiec
    Avec.
Oh! oh! oh! oh! ah! ah! ah! ah!
Queu drôl' de rêv' que j'ai fait là!
    La la.

« Il est sûr d'avoir un garchon, »
    Dijot pus d'eun' grivoisse.
Eune aut' répondot : « Pour cha, non,
    Car il a l' piau trop moisse (*). »
Eun' troisième, in vettiant mes yeux,
Etot sûr' que je n'n aros deux
    Bien mieux.
Oh! oh! oh! oh! ah! ah! ah! ah!
Queu drôl' de rêv' que j'ai fait là!
    La la.

Souvint, pou' m' faire aller sur tout,
    Pu d'eun' joyeuss' commère
Dijot : « Franços, buvez surtout,
    Ah! buvez gramint d' bière.
Rimplijez vo verr' fait-à-fait,
Car cheull' boisson donn', chacun l' sait,
    Du lait. »

(*) Moite, humide.

Oh ! oh ! oh ! oh ! ah ! ah ! ah ! ah
Queu drôl' de rêv' que j'ai fait là !
      La la.

Et quand l' grand jour est arrivé,
  J'étos... je n' sais tout comme.
Aussi, l'accoucheuss' m'a trouvé
  Pâl', comme un vrai fantomme.
Ell' vette et dit : « Vous souffrirez !...
Au lieu de s' tiête, i présint' ses
      Deux pieds !

Oh ! oh ! oh ! oh ! ah ! ah ! ah ! ah !
Queu drôl' de rêv' que j'ai fait là !
      La la.

Pou' m' délivrance, à pus d'un saint
  J' prometto' eun' candelle.
Au bout d'eune heur', j'accouche, infin,
  D'un p'tit porichinelle ! ! !
Là-d'sus, mes gins j' m'ai réveillé,
Et, rouvrant mes yeux tout grands, j'ai
      Crié :

Oh ! oh ! oh ! oh ! ah ! ah ! ah ! ah !
Queu drôl' de rêv' que j'ai fait là !
      La la.

LES ATTRAPE'-A-BALOUS.

Air de la Clé des Champs

ou

Des Bonn's gins d' Saint-Sauveur (1ᵉʳ vol., page 169).

Min cousin Ratich'-Monde,
L'aut' jour, d'un air grongnon,
Su' les affair's de ch' monde
M'a dit : « V'là m'n opinion :
Tout d'puis les p'tit's marmottes,
Jusqu'à les fins marlous,
Ch'est à qui mettra l's autes ⎱ *bis.*
Dins s'n attrape-à-balous. » ⎰

I m'a cité pour preufe,
Que l' femme à P'tit-Zizi
L' jour qu'elle a dev'nu veufe,
Volot morir aussi.
Huit jour' après, cheull' droule,
Faijot les *quat'-cents-coups*

Pour prinde un grand nicdoule
Dins s'n attrape-à-balous.   } bis.

Eun' femme a tros fillettes,
Comm' pour les amuser,
Les dimanche' et les fiêtes
Ell' les conduit danser.
Nous, tariars (*) que nous sommes,
Nous s' dijons' inter-nous :
« Ell' veut mett' des jeune'-hommes
Dins l'attrape-à-balous. »   } bis.

Un garchon du rivache,
Qu'on appell' Manicour,
Vient de s' mette in ménache.
Quand i faijot l'amour,
A vanter Mari'-Rosse
I nous soûlot tertous.
Mais l' prémièr' nuit de s' noce...   } bis.
Queulle attrape à balous!

Chacun parlot d'eun' graisse
Qui fait r'pousser les ch'veux.

(*) Moqueurs.

Eun' fos, Lisa, m' maîtresse
Va trouver l'invinteux,
Qui n'a point su' s' tièt' laide,
Pus d' cheveux qu' su' mes g'noux.
Lisa li dit : Tin r'mède   ⎫
Ch'est d' l'attrape-à-balous. » ⎬ bis.

Quand arriv'ra la foire,
Mes gins, soyez-in sûrs,
Pour nous in faire accroire
On placard'ra les murs.
Vous y lirez qu' des biches
Vienn' d'accoucher d' des loups....
Cha vous prouv' que l's affiches ⎫
Ch'est d' l'attrape-à-balous.   ⎬ bis.

P'isque nous somme' à rire,
J' vous rappell' mes chochons,
Qu'on peut toudis souscrire
A mes drôl's de canchons.
Mais vous direz peut-ête,
In r'grettant vos gros-sous :
« Desroussiaux vient d' nous mette ⎫
Dins s'n attrape-à-balous ! »   ⎬ bis.

L' RÊVE D' FRANÇOS.

LES ATTRAPE'-A-BALOUS.

L'HOMME NÉ COIFFÉ.

UN HOMME NÉ COIFFÉ.

Air du petit sergent sans moustaches. (Même rel., page 183).

On intind dire à la ronde,
Qu'un infant coiffé d'eun' piau
Quand i met sin nez dins ch' monde,
Est sûr d'un av'nir fort biau.
Mi, j' dis qu' ch'est eun' sott' croyance,
Car, au mond', j'ai v'nu comm' cha,
Et j' n'ai jamais l' pus p'tit' chance,
Comm' m'n histoir' vous l' prouv'ra.

Jour et nuit, soir et matin,
    Tout m' chagrine,
   M' turlupine.
Pour avoir un tel destin,
Faut qu' j'euch' marché su' du pain.

J' n'avos point pris trint'-six têtes
Quand l' coq'luche a v'nu m' trouver.
Je m' guéris ; mais v'là les diètes (*)
Qui vienn'nt aussi m'inroster.

(*) Espèces de dartres.

Pus tard j'attrap' les poquettes,
Gross's, quoique in grand' provision.
On arot dit des nojettes
A dije-huit pour un quart'ron.
Jour et nuit, etc.

Ch'est cheull' dernièr' maladie
Qui m'a tout défiguré,
Et qui fait, qu' jamais d' la vie,
On n' me donn' d'aut' nom qu' *Mobré*. (*)
Si de ch' vilain nom je m' fache,
Et que j' batill', comm' je n' sus
Point pus fort qu'eun' plat' punache,
J'attrape eun' triqu' par dessus.
Jour et nuit, etc.

Pour trouver des comarades,
Si j' vas dins les sociétés,
On n' me dit qu' des couyonnades,
On n' me donn' que des noms-j'tés.
Et si j' veux faire eun' partie
Pour un p'tit verr' de cassis,
Je m' vos conduire in *Syrie*.....
Cha veut dir' que j'in perd six.
Jour et nuit, etc.

(*) Individu marqué de la petite vérole. Locution proverbiale :
Un biau mobré n'est point laid

Chaq' pot trouve s' couverture.
Par un jour j'ai pri' au glu
D'eun' mache (*) et sott' créature
Qui m' fait morir à p'tit fu.
Ah! vous critiqu'rez cheull' droule,
Et vous m' plaindrez comme i faut,
Quand vous sarez qu'ell' se soûle,
Et qu' ch'est sin pus p'tit défaut.
Jour et nuit, etc.

Ell' n'est bonn' qu'à fair' des dettes,
Pour boir' de l' bière, du café,
Avec un tas d' camanettes
A l'air sâle et débiffé.
Quand elle est bien lass' de boire
Ell' se r'passe un bon biffteck,
Et mi, je ne trouv' dins l'armoire,
Qu'un pun-poire et du pain sec.
Jour et nuit, etc.

S'il arriv' qu'un jour de fiète
J' pinse à m' donner de l' gaîté,
Au moumint d' faire m' toilette
Mes nipp's sont au Mont-de-Piété.
Tout y va : tout d'puis mes cauches,

(*) Méchante.

Jusqu'à m' cravatte d' taff'tas,
Et si j' veux li fair' des r'proches
Ell' me trait' du haut in bas.

Jour et nuit, etc.

Et v'là, mes gins, m'n existence :
A toute heure, à tout moumint,
Je n' trouv' que de l' déplaisance,
Du malheur et du tourmint.
Au soir, dins min lit, je m' muche
In poussant pus d'un soupir....
A l' mêm' minute, eun' gross' puche
Vient pour m'impêcher d' dormir.

Jour et nuit, soir et matin,
    Tout m' chagrine,
    M' turlupine.
Pour avoir un tel destin,
Faut qu' j'euch' marché su' du pain.

ROSETTE.

Air : En avant fanfan la Tulipe (Cobr-aux.)
ou
De la descente aux Enfers. (Béranger.)

J'avos pourtant mis dins m' tiête
De n' jamais pus fair' l'amour,
Mais d'puis l' temps qu' j'ai vu Rosette,
J' répèt' pus d' vingt fos par jour :

    Quand ell' le vodra,
      Larirette !
    Ell' m'intortill'ra,
      Larira !
    Quand ell' le vodra

Ell' m'indormira,
M'injol'ra,
M' cajol'ra,
Cheull' fillette.
Quand ell' le vodra,
Larirette !
Ell' m'intortill'ra,
Larira !

I faut dire aussi qu' Rosette
A pus d'eun' biell' qualité,
Et que d'puis ses pieds qu'à s' tiête,
Ch'est un vrai miro d' biauté.

 Quand ell' le vodra, etc.

Ell' vous fait sortir de s' bouque,
Des sons, comm' cheuss' des p'tits clercs (*),
Et ses yeux, quand ell' vous r'louque (**),
Sont brillants comm' des éclairs.

 Quand ell' le voudra, etc.

Quand ell' fait des p'tit's risettes,
Juste à l'indrot d' ses gros dints,

(*) Enfants de chœur.
(**) Regarde.

On vot s' former deux fossettes,
Qu'on mettrot des q'necques (*) d'dins.

 Quand ell' le vodra, etc.

On jur'rot vir eun' princesse,
Car ell' se tient pus fier'mint,
Que d'sus l' Colonne, l' Déesse,
Rappélant l' Bombardemint.

 Quand ell' le vodra, etc.

Pour mi j'admire s' démarche :
Avec ses chabots chirés,
Sur un planquer d'cambre, ell' marche,
Sans fair' pus d' bruit qu' su' des grés.

 Quand ell' le vodra, etc.

Faut vir comme elle a bonn' mine !
Comme elle a l' teint fraiche et biau !
Et, quoiq' privé' d' crinoline,
Elle a pus d' tour qu'un tonniau.

 Quand ell' le voudra, etc.

(*) Petites billes en terre cuite.

Pour qu'ell' me dije eun' parole,
Seul'mint pour m'incorager,
Huit jour', au fond d'eun' guéole
J' rest'ros sans boir' ni mainger.
    Quand ell' le vodra,
      Larirette !
    Ell' m'intortill'ra,
      Larira !
    Quand ell' le vodra,
    Ell' m'indormira,
      M'injol'ra,
      M' cajol'ra,
      Cheull' fillette.
    Quand ell' le vodra,
      Larirette !
    Ell' m'intortill'ra,
      Larira !

UN HOMME NÉ COIFFÉ.

Allegretto. Air de Desrousseaux.

On in-tind dire à la ron-de, Qu'un in-fant coif-fé d'eun' piau, Quand y met sin nez dins ch'mon-de, Est sûr d'un av'-nir fort bien. Mi j'dis qu'ch'est eun' sott' croy-an-ce, Car au mond' j'ai v'nu comm' cha, Et j'n'ai ja-mais l'pus p'tit' chan-ce, Comme m'histi-toir vous l'prouv-ra. Jour et nuit, soir et ma-tin, tout m'cha-gri-ne, m'tur-lu-pi-ne, Pour a-voir un tel des-tin, faut qu'j'euch mar-ché sus du pain.

ROSETTE

LE PETIT DOIGT.

LE PETIT DOIGT.

Air nouveau de l'auteur.

Tout in halochant s' tiête,
M' bonn' viell' gra-mère, un jour
M'a dit comm' cha : « Colette,
Quoi ! te pinse' à l'amour !
Ah ! n' dis point que j' m'abusse,
Cha s'rot du temps perdu,
Quand min p'tit dogt racusse, (*)
Ch'est comm' si j'avos vu. »

« Min p'tit dogt plein d'esprit,
    Par nuit,   } *bis*
Min p'tit dogt me l' l'a dit. »

(*) *Racuser* : rapporter, dénoncer.

« J'ai su par li, sans peine,
Qu'à l' ducass' Saint-André,
Avecque s' sœur Mad'leine,
T'as rincontré D'siré.
Ch' luron, sans fair' l'etnielle, (*)
Profitant d' l'occasion,
T'a gliché dins l'orelle
Eun' biell' déclaration. »

« Min p'tit dogt plein d'esprit,
  Par nuit,
Min p'tit dogt me l' l'a dit. »   *Bis.*

« Tin cœur a fait douq' douque,
Et, sans l' savoir, tes yeux
Sont v'nus pus grands que t' bouque,
Pour vettier ch' malicieux.
Mais t' n'as point su, Collette,
Li dire un *non*, brav'mint.
Alors l'affaire est faite,
Car, qui n' dit mot, consint. »

« Min p'tit dogt plein d'esprit,
  Par nuit,
Min p'tit dogt me l' l'a dit. »   *Bis*

(*) Sans faire le sot

« Et d'puis, t' n'as pus d' corache,
T'as perdu t'n appétit,
T' as perdu tin riache,
T'as mêm' perdu t'n esprit.
Tout l' jour, tout l' nuit, cha dure,
T'as toudis d'vant tes yeux
Eun' malheureuss' figure…
Ch'est cheull' de ch'l injoleux ! »

« Min p'tit dogt plein d'esprit,
  Par nuit, } *Bis*
Min p'tit dogt me l' l'a dit. »

« Mais te cess' d'êt' chagrine
Sitot qu' t' es-t-avec li.
Te marche' à la badine,
T' acout' sin paroli.
I t' fait des biell's promesses,
Hélas ! un jour viendra
Qui s' lass'ra d' tes caresses,
Et puis qui t' laich'ra-là ! »

« Min p'tit dogt plein d'esprit,
  Par nuit, } *Bis*
Min p'tit dogt me l' l'a dit. »

J'ai répondu sans rire :
« Gra-mère j' vous dirai,
Dins chin qu' vous v'nez de m' dire
I n'y-a qu' la mitan d' vrai.
D'siré, d'un air bénache,
A c' soir dot justemint
Me d'mander in mariache...
I n' faut qu' vo consint'mint. »

« Vo p'tit dogt plein d'esprit,
    Par nuit,   } *Bis*
N' vous a donc point tout dit ? »

COMPLAINTE D'UN GUETTEU

su'

L' DÉMOLITION DU BEFFRO. (*)

Air du Carnaval (2me vol. page 125).

L'aut' jour, allant boire eun' canette
Au Pélérin, l' vieux pèr' Matthieu
A rincontré dins l' ru' d' Vingnette,
Tout près du pont, Franços l' guetteu.
In veyant su' s' mine l' tristesse,
I d'mande à ch' garchon chin qu'il a.
L'aut' pousse un soupir de détresse,
Ressu' ses yeux, et dit comm' cha :

« Ah ! mon Dieu ! mon Dieu !
    Pèr' Matthieu,   } Bis.
Plaingnez l' beffro ! plaingnez l' guetteu !

« Quand j'ai vu brond'ler pièche à pièche
Min pauv' beffro, j'étos saisi.

(*) Ce beffroi, construit en 1826, fut démoli dans le courant de 1857.

Mais, faut-i l' dir', veyant cheull' brèche
Faite à no vill', tout l' monde a ri.
Pourtant (quoiqu' ch'est bien assez drôle),
D' vir un homm' quaire, on est joyeux...
Mais quand i s'a démis l'épaule
On dit, du moins : Ch'est malheureux. »

« Ah ! mon Dieu ! mon Dieu !
　　　Pèr' Matthieu,　　　　　　⎫
Plaingnez l' beffro ! plaingnez l' guetteu ! »　⎬ Bis.
　　　　　　　　　　　　　　　　⎭

« Mais min beffro, ch'est triste à dire,
N'a point mêm' cheull' consolation.
Malgré s' culbute, on n' cess' de rire,
On n' fait qu' vanter s' démolition.
L'un dit : « Ch' n'étot qu'un grand mont d' briques! »
Un aut' tariar ajout' viv'mint :
« Les plus vilains balots (*) d' fabriques
Sont aussi biaux que ch' monumint ! »

« Ah ! mon Dieu ! mon Dieu !
　　　Pèr' Matthieu　　　　　　⎫
Paingnez l' beffro ! plaingnez l' guetteu ! »　⎬ Bis
　　　　　　　　　　　　　　　　⎭

« Par cheuss' mêm' qui, les jours de fiête,
V'nott'nt vettier l' biau mont d' Trinité,

(*) Tuyaux de cheminées, la partie qui s'élève au-dessus du toit.

Tournai, Cassel, avé m' lorgnette,
Ch' pauv' monumint n'est point r'gretté.
I n'y-a point jusqu'au pus godiche
Qui n'in parl' d'un air dédaigneux...
Quand on veut s' défair' d'un caniche,
Est-ch' qu'on n' dit point qu'il est galeux ! »

   « Ah ! mon Dieu ! mon Dieu !
      Pèr' Matthieu, } bis.
Plaingnez l' beffro! plaingnez l' guetteu! »

« L'aut' jour infin, feumant m' pipette,
J'ai pris s' définse au Caverniau : (*)
— Qu'il étot biau les jours de fiète,
Quand j' li mettos sin grand drapeau ! —
Mais v'la qu'un profond politique,
Répond qu'il a cangé d' couleur....
Ah ! Matthieu ! cheull' dernièr' critique
M'a fait pousser des cris d' douleur ! »

   « Ah ! mon Dieu ! mon Dieu !
      Pèr' Matthieu, } bis.
Plaingnez l' beffro! plaingnez l' guetteu! »

« Pour mi, tant qu' j'arai dins l' mémoire
Un p'tit souv'nir, je l' conserv'rai

(*) Enseigne d'un cabaret situé sous la grand'gard.

Pou' ch' monumint qui, dins l'histoire,
Un jour s'ra mieux considéré.
Les Boldoduc ont fait s'n imache (¹),
Mais par malheur, ches brav's garchons
N'in vind'nt qu'à des femm's de ménache,
Pour inv'lopper leus provisions. »

  « Ah ! mon Dieu ! mon Dieu !
    Pèr' Matthieu,   } bis.
Plaingnez l' beffro ! plaingnez l' guetteu ! »

Là-d'sus, l' pèr' Matthieu, volant faire,
A tout prix, cesser ch' grand chagrin,
A dit : « Tiens, François, cess' de braire,
Et partons vite au Pélérin. »
Il' ont vidié pus d'eun' canette,
S' sont mi' à rir', même à canter,
Mais l' bon guetteu, dev'nu pompette,
N'a jamais cessé d' répéter :

  « Ah ! mon Dieu ! mon Dieu !
    Pèr' Matthieu,   } bis.
Plaingnez l' beffro ! plaingnez l' guetteu ! »

(¹) Voir la gravure de la 9ᵉ livraison de ce volume.

LE PETIT DOIGT

P'TIT PRICE et MARIANNE TAMBOUR

HISTOIRE

DE P'TIT-PRICE ET D'MARIANN'-TAMBOUR.

Air nouveau de l'auteur

Du temps que j' portos camisole,
On m' répétot six fos par jour,
Pour m'amuser, l'histoir' fort drole,
De P'tit-Price et d' Mariann'-Tambour.
J' m'in vas bien fouiller dins m' mémoire,
Pour tacher d' povoir dire aussi
L' fin fond et l'terfond de ch'l histoire,
Dins l'espoir qu'ell' vous f'ra plaisi.

  Et v'là, foi d' Patrice,
  Simple comm' bonjour,
  L'histoir', de P'tit-Price
  Et d' Mariann'-Tambour.

Presque à l' même heur', Price et Marianne,
Au monde, ont v'nu, dins l' mêm' mason.

Il' on' eu les poquette' insenne,
Insenne ont fait leu communion,
Infin, ch' marmouzet, cheull' marmotte,
A quinze ans s'intindott'nt si bien,
Qu'on n' veyot jamais l'un sans l'aute...
Ch'étot comm' Saint-Roch et sin quien,

  Et v'là, etc.

Tous les dimanche' à *La Funquée*,
(Ch'étot l' pus biell' guinguett' du temps),
Aveeque s' maîtress' bien r'quinquée,
P'tit-Pric' faijot l' Roger-Bontemps.
On les veyot su l' balochoire,
Hardis tous les deux comme un lion,
Au risque de s' casser l' machoire,
Se t'nir l'un d'sus l'aute à q'valion.

  Et v'là, etc.

Comme, alors, on faijot la guerre,
Qui faulot des homme' à tout prix,
Eun' fos, ch' pauv' garchon s'in va quére
Un liméro, et le v'là pris.
Pinsant qui laich'ra là s' maitresse,
I s'arrachot sin front, ses ch'veux,

Mais cheull' fill' dit : Pus d' tristesse,
Nous allons partir tous les deux ! »

  Et v'là, etc.

Li, qui savot bien batt' la caisse,
Comm' tous les Lillos de ch' temps-là,
In route a fait faire à s' maitresse,
Des *ra*, des *fla* et des *rafla*.
Si bien, qu' veyant leu cop d' baguette,
Leu colannel, du prémier jour,
A nommé P'tit-Pric', tambour-maîte,
Et fait passer Mariann', tambour.

  Et v'là etc.

On dit qu' Marianne étot superbe
Avec sin costum' ferluquet ;
Qu'elle avot l'air d'un copeu d'hierbe,
Quand ell' se servot d' sin briquet.
Quoique ell' n'avot point pus d' moustache
Qu'un rémola, ni qu'un pain d' soil,
Dins l' régimint, pour sin corache,
On l' surnommot : *L' gaillard à poil !*

  Et v'là, etc.

Après six bonn's anné's d' service
A Lille, infin, les v'là r'venus,
Un cousin, marchand d' pain n'épice,
Leu-z-a prêté trinte-huit écus.
Avec cheull' somme assez rond'lette,
Il' avott'nt leu q'min tout tracé :
L'homme a fait faire eun' Vinaigrette
Et derrière s' femme a poussé.

   Et v'là etc.

Comme i n'ont point garni leus poches
A fair' trinte ans l' métier d' queva,
I sont allés r'poser leus oches
A deux, l' mêm' jour, à l'hopita.
Les dimanche' et les jours de fiête,
On peut les vir sortir à deux,
P'tit-Price appuyé su s' crochette,
Marianne au bras de s'n amoureux.

   Et v'là foi d' Patrice,
   Simple comm' bonjour,
   L'histoir' de P'tit-Price
   Et d' Mariann'-Tambour.

LOLOTTE·

PASQUILLE.

Lolotte, après tros mos d' mariache,
Etot queu' dins l' désolation,
De s'vir si longtemp' in ménache
Sans l' moindre appareinc' d'un poupon.
Un jour ell' dit : « Qu'on est heureusse
D'avoir un d' ches biaux p'tits jésus
A caresser ! leu min' joyeusse,
Et leus p'tits airs, faitt'nt qu'on n' pins' pus
A sin chagrin, ni à s' misère.
Quand on les intind dir' : *Man mère !*
Bonjour ! bonsoir ! du pain ! merci !
In li-même, on a pu d' plaisi
Qu'un golu quand i vot des tartes.....
Aussi j' m'in vas fair' fair' les cartes,
Et si, pa ch' moyen-là, j'apprinds
Qu'i me viendra point d' ches p'tits gins ,
J' dirai sans pus d' façon à m'n homme :
« Aconte eun' fos, acout' Jérome,
Si comm' mi, te cros qu'il est bien
D' brûler l'arbre qui n' fournit rien,

Te n' trouv'ras point maj'mint, j'espère,
Que j' m'in aill' rester avé m' mère. »

Et pour ell' fair' cheull' biell' action,
Ell' sorte aussitôt de s' mason.

Ell' rincontre dins l' ru' d's Etaques,
Louis, surnommé l' Conteux d' craques.
Il l'arrète et li dit comm' cha :
« Bonjour Lolotte ! eh ben ! cha va ? »
— Comm' chi, comm' cha, répond Lolotte,
Et v'là-t-i point qu' cheull' vrai' sossotte
Raconte à ch' tariar si malin,
L'affair' qui li fait tant d' chagrin !
Li, qui veut rir', dit : « Mais p'tit mère
Est-ch' que t'n homm' n'a point fait la guerre
In Crimé' ? » — Si fait ! — « V'là l'chiendent !
Ches homm's-là n'ont jamais d'infant ! ! »

Au lieu d' rire d' cheull' couyonnate,
Ell' cour' à s' mason, quate à quate,
Sans d'mander pus d'explication,
Et là, vite ell' se met d'action
A faire un paquet d' tous ses nippes.

Un gros quien qui trouv'rot des tripes,
Du fi, du lard à tortiller,
N'arot point l'air pu' inf'noulié,
Qu' cheull' femme à fair' cheull' bielle ouvrache.

Infin, avec sin p'tit bagache
In d'zous sin bras, ell' part'!... Mais v'là
Que s'n homme arrive, et dit : Eh là !
Uch' que te vas comm' cha p'tit' femme ? »

Ell' répond : « J' n'in sais point mi-même,
Mais cha n' fait rien, te m' vos sortir
Et te n' me verras pus r'venir. »
— Ah! ça, veyons, veyons, Lolotte,
Est-ch' que par hasard t'es v'nu' sotte ?
Quoi-ch' que j'ai fait? quoi-ch' que j'ai dit?
Vraimint te m' f'ras perde m'n esprit!...
— Chin qu' t'as fait? chin qu' t'as dit? grand rinse!
Acoute, j' vas l' dir' comm' je l' pinse :
D'abord, t' as dit qu' te m'aimos bien!
— Ch'est la vérité, je l' soutien.
— Te m'as dit qu' te s'ros fin bénache
D'êt' père au bout d'un an d' mariache!
Mais chin qu' te n' m'as point dit, capon !
Ch'est qu' te savos qu' *t'étos point bon !!*

—Point bon ! point bon !.... je n'compri̇nds goutte
A tes raisons, mais, coût' qui coûte,
J' veux tout savoir... Allons veyons,
Donn'-me là-d'sus d's esplications ;
Dis-me ch'ti qui t'a monté l' tiête,
U bien te verras, p'tit' grippette,
Que j' m'in vas faire un cop d' malheur !

— Ti ! j' t'in défi', car t' as point d'cœur,
Mais puisque te fais tes esbrouffes,
Acoute, avant d'avoir tes mouffes,
Chin que j' vas dire, et puis.... rougis :
Tantôt, j'ai rincontré Louis.
Tout in d'visant, d' fil in aiwuille,
J' li dis que j' sus.... *comme eun' jeun' fille !*
I d'mande alors si t'as servi,
Dins la Crimé'. J' réponds qu'awi.
Là d'sus, du ton d'un maît' d'école,
I m' gliche à l'orell' cheull' parole :
« Pauv' Lolotte ! ch'est point surpernant,
Ches homm's-là n'ont jamais d'infant. »

— Et ch'est tout chin qu' t'avo' à m' dire ?
Réponds Jérom', te m' fros bien rire.
Il intind tout bonn'mint ch' farceu,
Qu'un homm' n'a point d's infants tout seu !

A ch' mot-là Lolott' s'a calmée,
Car, comm' l'ancien soldat d' Crimée,
Elle avot compris l' calembour. ...

On m'a dit qu'à partir de ch' jour
Elle a cessé d' brair' comm' Mad'leine.
D'ailleurs, à ch't heure, elle est certaine
D'avoir pus tard un p'tit pouchin,
Et ch'est Louis qui s'ra l' parrain.

PETIT PRICE ET MARIANNE TAMBOUR.

Air de Desrousseaux.

TABLE

Les Conscrits de l'an 56 . . . . page .	3
L' garchon d' Lille	6
La mort d'Azor	15
Le jour des noces	19
Min cousin Myrtil ou l' pichon d'avril	27
Dame Victoire	31
Le Testament	39
Sorlets vieux !...	43
Les vieilles croyances	51
J'ai du mirliton	56
Le sergent de chœur	63
Les Cartes	67
L'habit d' min vieux grand-père	75
Les agrémints du mariache	79
Les deux marieux courés (scène populaire à 2 voix) . .	87
L'ascension au beffroi	99
Le nez de Marie-Rose	103
Le Nuau	111

La femme du perruquier	115
Jeanne-Maillotte	123
L' Craqueux	127
Grosse-Rougette	135
Naïveté d'une cabaretière	138
Les rêves	140
Batisse l' lusot	147
La Comète de 1857	151
Ph'lippe et Ph'lippine	159
La boutique à six sous	163
Les Crick-Mouils	171
L'hiver	175
Le petit sergent sans moustaches	183
L' Ru-tout-ju	187
L' rêve de François	193
Les atrape'-à-balous	200
Un homme né coiffé	207
Rosette	211
Le petit doigt	219
Complainte d'un guetteur, sur la démolition du beffroi	223
Histoire de P'tit-Price et de Marianne Tambour	231
Lolotte	235

EN VENTE

Chez les principaux Libraires de Paris et de la province :

CHANSONS ET PASQUILLES LILLOISES

Par DESROUSSEAUX

1er Volume, précédé d'une Notice sur le patois de Lille et
du portrait de l'auteur . . . . 2 fr.
2me Volume, suivi d'un Vocabulaire pour servir de notes et
des airs nouveaux de l'auteur 2 50
3me Volume, avec 20 vignettes et la notation des airs anciens
et nouveaux, 46 airs — Nouvelle édition avec notes. 2 50

Chacun de ces volumes est divisé en livraisons qui se
vendent séparément 15 centimes.

DU MÊME AUTEUR :

MES ÉTRENNES

Almanach chantant avec les airs notés

ANNÉES 1859, 1860 & 1861

Chaque recueil se vend séparément 50 centimes.

En vente chez les Marchands de Musique :

LES CHANSONS LILLOISES — LE VIEUX CABARET

Quadrilles pour orchestre et pour le piano sur des airs de DESROUSSEAUX

Par N. BOUSQUET, Chef d'orchestre à Paris.

*Ces morceaux se trouvent aussi à Londres, chez WINREN,
Upper Stamfort Street, 89.*

LE CHANSONNIER LILLOIS — LE PETIT SERGENT

Quadrilles pour le piano sur des motifs de DESROUSSEAUX

Par SINSOILLIEZ

10 MORCEAUX FACILES POUR FANFARE

*À l'usage des Lycées et des Sociétés des communes, dont 2 pas-
redoublés sur 6 airs de DESROUSSEAUX*

Par SINSOILLIEZ

Lille, Imprimerie Lefebvre-Ducrocq.

www.ingramcontent.com/pod-product-compliance
Lightning Source LLC
Chambersburg PA
CBHW070648170426
43200CB00010B/2162